幼儿园课程资源
开发与利用 丛书

丛书主编　钱月琴

公园里有什么

主　编　朱　静　吴建珍
编　委　管小婷　陈勤芳　任　华
　　　　沈　潇　段仰拙　戴　吉

苏州大学出版社

图书在版编目(CIP)数据

公园里有什么 / 朱静,吴建珍主编. -- 苏州:苏州大学出版社,2023.7(2023.9重印)
(幼儿园课程资源开发与利用丛书 / 钱月琴主编)
ISBN 978-7-5672-4450-4

Ⅰ. ①公… Ⅱ. ①朱… ②吴… Ⅲ. ①活动课程-教学研究-学前教育 Ⅳ. ①G613.7

中国国家版本馆CIP数据核字(2023)第116644号

书　　名:	公园里有什么 GONGYUAN LI YOU SHENME
主　　编:	朱　静　吴建珍
责任编辑:	倪浩文
策　　划:	谢金海
出版发行:	苏州大学出版社(Soochow University Press)
社　　址:	苏州市十梓街1号　邮编:215006
印　　刷:	苏州市古得堡数码印刷有限公司
邮购热线:	0512-67480030
销售热线:	0512-67481020
开　　本:	889 mm×1 194 mm　1/20　印张:6.5　字数:129千
版　　次:	2023年7月第1版
印　　次:	2023年9月第2次印刷
书　　号:	ISBN 978-7-5672-4450-4
定　　价:	58.00元

若有印装错误,本社负责调换
苏州大学出版社营销部　电话:0512-67481020
苏州大学出版社网址　http://www.sudapress.com
苏州大学出版社邮箱　sdcbs@suda.edu.cn

"幼儿园课程资源开发与利用丛书"
编委会

顾　问　张春霞

主　任　季小峰

副主任　周　萍　顾忆红

编　委　（按姓氏笔画排序）

王亚红　王惠芬　吕淑萍　朱　静　孙文侃

吴小勤　沈　红　沈方勤　沈艳凤　张　琼

张利妹　陈小平　陈秋英　胡　娟　莫美华

钱明娟　徐　桢　徐国芬

序

  吴江区高度重视学前教育的发展。长期以来，吴江区学前教育工作者注重抓内涵、提质量，在幼儿园课程建设方面做了很多扎实有效的工作。

  江苏省实施课程游戏化项目以来，吴江区学前教育工作者努力进行课程游戏化的区域推进，为课程游戏化提供了示范，吴江区涌现出了许多高质量课程建设的典型。尤其是在资源深度挖掘和利用方面，很多幼儿园强化课程意识和资源意识，增强目标意识和效率意识，深入挖掘和利用本地课程资源，努力将资源优势转化为经验优势，形成了课程资源开发和利用的吴江经验。

  吴江是一个具有深厚文化历史底蕴的地方，名人、遗迹、名胜不胜枚举，具有鲜明江南特色的古镇和村落，丰厚肥沃的土地，孕育了万千生命和厚重的文化。对于如何挖掘和利用吴江的自然与文化资源，吴江的老师们进行了积极的探索和创新。他们从幼儿身心发展规律出发，深入分析本地各类资源对儿童发展的价值，形成了一系列资源开发和利用的途径与策略，让幼儿在多样化的活动中感受文化、体验文化、理解文化、表达文化和创新文化。丰富的幼儿园课程内容，充实了儿童的生活，增进了儿童的体验和情感，增强了儿童的操作和表现能力。

  这套丛书是吴江区各幼儿园从不同的资源出发，深入研究儿童的需要和兴趣，系统开展多种形式的活动，充分利用儿童的多种感官，有效促进儿童对文化的了解、理解和表达，不断丰富和充实儿童经验的实践成果。相信这套丛书一定能给幼儿园课程建设提供有益的经验和启示，一定能为学前教育质量的提升做出贡献。

南京师范大学教育科学学院教授、博士生导师

2023 年 5 月

前 言

莼鲈之香正十年

秋风斜阳鲈正肥，扁舟系岸不忍去。

吴江位于苏浙沪两省一市的地理交界处，是"鱼米之乡""丝绸之府"，有古镇、蚕桑、运河……历史悠久，资源丰富。

十余年来，吴江学前教育坚持以"贯彻落实《3—6岁儿童学习与发展指南》精神，开展幼儿园生活化游戏化课程建设"为抓手，区域性全面推进、全类覆盖、全员参与课程游戏化项目区实践。"区域推进不是要求区域统一，本质是让幼儿园各尽其能，充分调动每一位教师的专业才智，充分利用一切空间和资源，最大限度地发挥对儿童发展的支持和促进作用，从而提升教育质量。"（虞永平）十余年间，吴江幼教人通过改造环境、优化课程、专家引领、提升师资、追随儿童、科学评价等策略，营造了良好的学前教育生态，从"幼有所育"走向"幼有优育"。

吴江区各幼儿园从资源入手积极探索"资源—活动—经验"的实践路径，通过梳理、分析本园资源，建构课程资源地图，制作课程资源清单，开展多样化教育活动，尝试建设适合本园的课程，积累了大量的一手资料，于是就有了这套"幼儿园课程资源开发与利用丛书"。

本套丛书不仅是吴江区各幼儿园在课程建设中开发利用本园周围的资源，开拓儿童课程源泉，促进儿童全面发展的生动实例，还是凝聚着全区"学前教育发展共同体"踔厉奋发、笃行不息的成长足迹和探究精神的宝贵财富。在这套丛书里，你可能会看到因为年轻而存在的稚气，但更会

看到因为年轻而勃发的对教育的追求和活力。

本套丛书有以下三个特点：一是实践性，每类资源的开发和活动的组织都是幼儿园实践过的；二是操作性，幼儿园提供了某资源开发和利用的理念、路径、方法和具体的活动，可以为同行提供范例和借鉴；三是普适性，这套丛书涉及的资源都是日常生活中普遍存在的、与幼儿生活密切相关的。本套丛书共有十三个分册，每个分册都是从资源介绍、开发理念、资源清单、基本路径、活动列举、课程计划、方案设计、活动叙事八个方面来编写的。虽然这些都是一线教师的实践积累，但在理念上可能尚有偏颇，在实践中可能存在需要改进的地方，不足之处敬请专家和同行提出宝贵意见，以便让这套书不断完善。

十年磨一剑，蓄势再扬帆。在未来十年，乃至更长一段时间，吴江区学前教育会继续与时俱进，勇立潮头，办出更多老百姓家门口的高质量幼儿园。

丛书编委会

2023 年 5 月

目 录

资源介绍 / 1

开发理念 / 3

地图清单 / 5

基本路径 / 9

活动列举 / 11

课程计划
　　学期课程计划 / 18
　　主题活动计划 / 23

方案设计
　　主题活动方案 / 27
　　　树真好（中班） / 27
　　　　一、集体活动　你好，大树 / 27
　　　　二、参观活动　千姿百态的树 / 28
　　　　三、调查活动　大树笔记分享会 / 30
　　　　四、集体活动　大树妈妈 / 32
　　　　五、区域活动　创意树 / 34
　　　　六、调查活动　爱护树朋友 / 35
　　　　七、集体活动　树是我的家 / 37
　　　　八、区域活动　春天的树 / 38
　　　　九、生活环节渗透　保护树的方法 / 40
　　　　十、集体活动　会跳舞的叶子 / 42

十一、区域活动 叶子精灵 /43

十二、收集活动 木制品大集合 /44

十三、劳动活动 种树 /46

系列活动方案 /47

探秘昆虫（大班） /47

一、区域活动 昆虫记——圣甲虫 /47

二、区域活动 昆虫记 /49

三、调查活动 昆虫旅馆 /51

四、生活环节渗透活动 寻找昆虫 /53

五、集体活动 设计"昆虫旅馆" /55

六、收集活动 寻找材料 /57

七、劳动活动 我们的"昆虫旅馆" /58

八、调查活动 "昆虫旅馆"的住客 /60

九、区域活动 制作昆虫小书 /62

十、劳动活动 昆虫标本 /64

桥（大班） /66

一、生活环节渗透 我见过的桥 /66

二、集体活动 桥的发展 /68

三、调查活动 世界名桥 /69

四、参观活动 看桥去 /70

五、区域活动 建桥小能手 /72

六、集体活动 假如没有桥 /73

七、集体活动 建桥工人本领高 /75

八、区域活动 纸桥 /76

九、收集活动 各种各样的桥 /78

单个活动方案 /80

一、集体活动 亲亲草地（小班） /80

二、集体活动 说说道路（中班） /82

三、参观活动 雨水花园（大班） /83

活动叙事

"昆虫旅馆" /85

公园里的桥 /91

公园地图 /109

后 记 /120

资源介绍

吴江公园始建于1992年，位于松陵街道仲英大道和笠泽路交会处，占地面积0.2平方千米，其中水面0.04平方千米，亭台楼阁、小桥流水、假山草坪、四季花木一应俱全，是一座颇具苏州韵味的开放性综合公园。

吴江公园距离老城区的鲈乡幼儿园鲈乡园区仅有800米，是极好的幼儿园课程资源。孩子们只要来到这里，就来到了一个山、湖、花、树、亭、桥搭配和谐自然、相映成趣的乐园。走进公园，随处可见树身粗壮的香樟和梧桐，树龄都在30年以上。公园经过多次改造，花木的种类也不断增加，除了平时常见的香樟、金桂、银杏、柳、海棠、梅、杜鹃、女贞、黄杨、樱等，还有苏铁、紫叶李、黄山栾树、花叶蔓长春等，孩子们可以围绕公园里的树开展观察、探究、测量、欣赏、创造等活动。除了树林，东北角的月季园也是孩子们玩赏的宝地。月季园内种植着1 000多株月季，每年的4到7月份，月季陆续进入盛花期，园内花团锦簇、芳香四溢，孩子们徜徉在花的海洋里，赏花、探花、品花，乐趣无穷。园内拥有3大片约0.02平方千米高低起伏的草坪，是最让孩子流连忘返的地方，也是孩子们四季皆可活动的地方，常能见到孩子们在草坪上撒欢儿，三三两两与昆虫亲密接触。

吴江公园植被丰富，自然吸引了许多小动物在这里安家。春天，蝴蝶、蜜蜂在花丛中兴奋地飞舞，精致可人的白鹭在湿地旁悠闲漫步，灰喜鹊在青绿色的草地上机敏地捕食；夏天，蜻蜓在荷叶上惬意地乘凉，蝉儿们随着气温的升高也叫得更欢，青蛙在荷花池中唱着雄壮的歌；秋天，成群的秋虫在草坪上蹦跳；冬天，动物渐少，麻雀、斑鸠成了这里的主角……还有更多关于动物的秘密等待着孩子们发现。

吴江公园内坐落着8座富有水乡特色的石桥，分别为金水桥、观桥、观瀑桥、雪海香桥、曲桥、月影桥、双桥、清莲桥。这8座形态各异的石桥如珠宝镶嵌在公园中心湖边的1 000米健康步道上,是孩子们欣赏、探索苏式石桥的好去处。

　　公园里的路,不仅有宽敞的健康步道,还有穿插在湖边与草坪分界处的石板小路。各种颜色的光滑石子经过组合、镶嵌成了路,蕴含着苏州园林的韵味。这些别样的路与公园里的苏式凉亭相映成趣。

　　林径幽幽情调慢,绿荫款款意悠闲。孩子们在吴江公园里用独有的方式探索和发现大自然的奥秘,享受大自然的无穷魅力。

开发理念

环境是重要的教育资源。幼儿教育机构应充分利用自然环境和社区的教育资源,扩展幼儿学习和生活的空间,有效地促进幼儿的发展。学前教育专家虞永平教授说:"幼儿园课程的开发其实就是资源的开发。"因此,作为幼儿园周边资源的吴江公园,为拓宽课程开发的视域提供了有效支撑和无限可能。

大自然是活教材

亲近自然是孩子心智成长、情感培养的需要。孩子是充满灵性的,他们天生就能与自然界中的动植物"交流",从中获取丰富且生动的信息,这种最自然的学习成长方式带来的收获是其他方式无法企及的。儿童心理专家陈鹤琴先生提出:大自然是幼儿获取切身知识和经验的有效途径,要使自然、儿童生活和学校教育内容形成一个有机联系的整体。在大自然中,儿童可以通过直接感知、实际操作、亲身体验获得经验和知识,大自然的魅力是任何室内活动无法替代的,大自然就是教科书。因此,充分利用吴江公园的资源,让儿童到大自然中去观察、运动和游戏,能充分调动他们的听觉、视觉、嗅觉、触觉等感官系统,引导其关注周围事物的变化,使幼儿身处的多元化大自然和大社会真正成为"活教材",从而促进儿童的发展。

教育要回归生活

陶行知先生认为"生活即教育"。幼儿的生长发育和学习特点,决定了幼儿园课程必须是生活化、多样化、游戏化的。只有来源于生活的课程才最吸引幼儿,最能激发他们的探索欲和创造力,儿童的一日生活以及他们所熟悉的事物都可能成为有价值的课程生发点。吴江公园作为幼儿与家长在休闲时经常去的场所,是幼儿很熟悉的环境,是可以与自然畅意亲密接触的场所。它同样也是一个小型、动态的生态圈,随着四季更迭,那里的花鸟虫鱼各有其形,对幼儿来说是一个可以感知自然、多元表征的生活实践场。此外,公园里不同的人、设施设备以及公园为幼儿提供的多元文化、情感体验,也能够让幼儿积累有效表达、多元表征的经验,为幼儿的社会性发展提供综合、有益的社会环境。

关注儿童的经验

《儿童的一百种语言》中说:"一百种世界,等着孩子们去发掘;一百种世界,等着孩子们去创造;一百种世界,等着孩子们去梦想……"每位幼儿看世界的方式是不一样的,他们获取经验的方式也有所不同。随着认知的发展,他们对外界会有愈来愈多的探索兴趣,他们渴求自己获得更多的能力,积累更多的经验。带幼儿到外面的世界去,到充满大自然气息的公园去,充分利用公园资源组织幼儿游玩、观察、运动和游戏,引导他们关注周围事物的变化,用自己的多种感官积极与周围环境互动,能让幼儿获得有益的经验。只有让幼儿经验不断生发的教育,才是本真的教育;只有遵循儿童生命成长内在逻辑的教育,才能真正实现教育的目的。

公园里有什么

地图清单

资源地图

　　吴江公园是供人们游览、观赏、休憩，开展科学文化及锻炼身体等活动的场所，有较完善的设施和良好的绿化环境。那么吴江公园里有什么？哪些资源可以作为优质的课程资源来开发利用？老师们通过体验式教研、头脑风暴、实地调查等途径，对吴江公园的资源有了更加全面系统的了解，并绘制了吴江公园的资源地图。

　　老师们从幼儿园出发，将从幼儿园到吴江公园的路线通过手绘地图呈现出来，而后将吴江公园内的具体资源进行可视化标注。首先标明吴江公园与幼儿园的地理位置关系，沿规划路线向公园行进，展现两个场所的地理位置关系以及将园外资源纳入资源地图的过程。地图既从方位上在园内外资源间建立了连接，也呈现了教师在资源开发过程中的多维思考路径。

资源清单

对这些资源进行实地踏勘，咨询园林专家，在开展梳理研讨后，对吴江公园资源进行筛选并纳入资源清单。

吴江公园资源表

类别	类目	种类	数量/面积	备注
植被	树	柏	69 棵	
		桂	515 棵	有下列品种：金桂、银桂、丹桂。
		杜英	29 棵	
		海棠	350 棵	
		榉	51 棵	
		柳	184 棵	
		栾	66 棵	
		女贞	193 棵	
		枇杷	132 棵	
		槭	182 棵	
		杉	312 棵	
		松	102 棵	
		香樟	848 棵	
		樱	320 棵	
		玉兰	103 棵	
		紫薇	234 棵	
		紫叶李	138 棵	
		石榴	12 棵	

续表

类别	类目	种类	数量/面积	备注
植被	花	月季花	1 200 棵	有下列品种：寒地玫瑰、醉香酒、荣光、朱墨双辉、粉和平、金凤凰、爱。
		梅花	112 棵	
		木芙蓉	9 棵	
		山茶花	48 棵	
	草坪	百慕大草坪	30 304 平方米	
动物	昆虫	七星瓢虫	—	每年的 5、6 月份是七星瓢虫的交配季节。七星瓢虫成虫捕食蚜虫、介壳虫、壁虱等，被人们称为"活农药"。
		独角仙	—	独角仙常在 6 到 8 月份出现，昼出夜伏，以树木的汁液、果实为食。
		蝴蝶	—	春夏季在吴江公园的月季园、景观花丛中十分常见。
		蚂蚁	—	每年的 5 月中旬到 10 月上旬在公园各处都能发现蚂蚁的身影。
		蜜蜂	—	吴江公园中的植物到了开花的季节，蜜蜂便会忙碌不停。
		蟋蟀	—	蟋蟀在夏秋季节出来活动，经常出现在公园的草坪上、树丛里。
		蝉	—	5、6 月在吴江公园的大树上就会发现蝉的身影。
		蜻蜓	—	蜻蜓在 6 到 11 月常出现在吴江公园的湖泊、湿地旁。
		天牛	—	天牛成虫一般于 5 月开始出现，6 月下旬至 7 月上旬为羽化盛期。
	节肢动物	蜘蛛	—	蜘蛛过了农历二月二就会出现在公园的各个角落。
		蜈蚣	—	蜈蚣白天多潜伏在砖石缝隙、墙角边和成堆的树叶、杂草间，夜间出来活动，寻食青虫、蜘蛛、蟑螂等。

续表

类别	类目	种类	数量/面积	备注
动物	两栖动物	青蛙	—	吴江公园里有片荷塘，夏季的傍晚常听见蛙声起伏。
	鸟类	啄木鸟	—	啄木鸟、树、昆虫幼虫之间形成食物链：树—昆虫—啄木鸟。
		灰喜鹊	—	灰喜鹊被称为"森林卫士"，聪明的它们会随着季节的变化调整自己的食谱，在秋冬食物较少的时候，会更多进食公园中乔灌木的果实种子等植物性食物。
		白鹭	—	在吴江公园的湿地旁常看见白鹭的身影。
		鸽子	—	吴江公园的草坪上经常发现鸽子活动的身影。
建筑	桥	石桥	8座	分别为月影桥、金水桥、观桥、观瀑桥、雪海香桥、曲桥、双桥、清莲桥。
	亭	木亭	4座	分别为北峰亭、泊风亭、四景亭、无名亭。
	廊	木廊	1条	凌波轩。
路	鹅卵石路	黑白灰鹅卵石路	20平方米	
	石板路	各色石板路	860平方米	
	塑胶跑道	各色塑胶跑道	1 300平方米	
其他			雨水花园、竹、假山、湖、娱乐设施……	

基本路径

吴江公园蕴含着丰富的动植物资源（昆虫、鸟类、种子、树、草坪、花等）、建筑资源（桥、亭、廊）以及道路资源（鹅卵石路、石板路、塑胶跑道）等，这些资源成为幼儿开展一系列探索活动、游戏活动的材料。幼儿园对吴江公园资源的开发与利用，主要从发现和探究两条路径展开。

路径一：发现。围绕"发现"，可以探知动植物的不同习性与生命特征，各种建筑的不同风格、种类和用途等，为后续发现提供有益经验，进一步引导幼儿用自己喜欢的方式记录所见所感。如通过摄像、绘画、采集标本等方式，将感兴趣的事情与同伴分享，并把前期的活动经历延伸至各领域活动中，在一日生活中继续拓展，丰富关键经验。通过公园中的多样化活动，幼儿的关键经验得以提升。

路径二：探究。幼儿在公园观察中会产生很多问题，他们或与老师，或与同伴，或独自制订探究计划，并依据计划针对前期存留的问题再次走入公园，寻找解决问题的办法，总结一般性规律，得出结论，从而生成一系列幼儿感兴趣的亲自然课程。

发现、探究的过程交替发生，相互融合。教师尽可能多地挖掘吴江公园的多样化资源，运用公园资源设计活动，能为孩子们的发展提供"养料"，促进幼儿多途径、多领域的经验拓展，让他们在自然中体验快乐，在经历中获得成长。

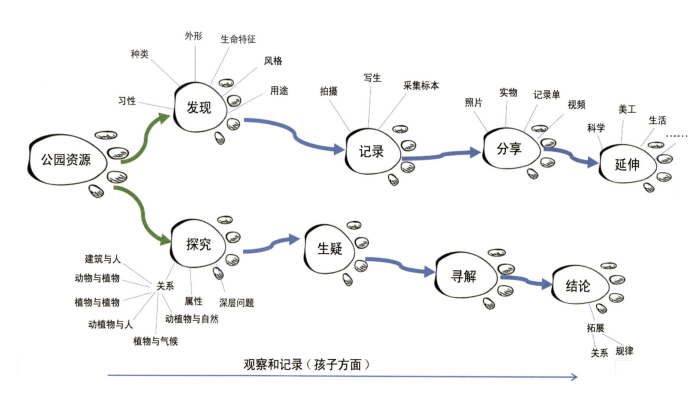

活动列举

公园资源弥补了城区幼儿园内植被、动物以及户外场地有限的不足,是城区幼儿园需要积极开发和利用的重要资源。要坚持以幼儿发展为本的教育理念,根据幼儿的年龄特点和学习特点,将公园资源和幼儿园的资源优化整合,将其有机地融合进不同年龄段幼儿的课程中。公园资源较多,根据幼儿当前的兴趣,对于比较有教育价值的内容,有时以主题活动的方式展开,增加或替换原有的课程计划;有时以系列活动的方式穿插在原有课程计划中。面对随机生成的或迫切需要解决的问题,就通过单个活动的方式纳入课程。在课程具体实施中需要老师灵活应对,合理地开发、规划、设计和实施课程。

活动列举表

活动类别与名称		领域	关键经验	年龄班	实施途径					备注
					教学	区域	生活环节	运动	实践	
主题	春天真美丽(16)	语言、社会、科学、艺术、健康	1. 了解春天的美好,关注自己身边美丽的春景。 2. 讲述自己发现的春天,能够在教师的引导下进行大胆的猜测和细致的观察,能用简单的方式记录自己的发现。 3. 对植物的突出变化感兴趣,感知植物春季变化的典型特征。 4. 发现大自然的神奇,亲近、欣赏大自然与周围环境中春天的美。	小班	集体活动、小组活动、个人活动	美工区、科学区、语言区、自然角	散步、来园、晨间、餐前阅读	远足	参观活动、观察活动、收集活动、调查活动	专室活动

续表

活动类别与名称		领域	关键经验	年龄班	实施途径					备注
					教学	区域	生活环节	运动	实践	
主题	树真好（17）	社会、健康、科学、语言、艺术	1. 学习运用多种感官感受不同种类树的特征。 2. 发现在不同环境中树的形态。 3. 尝试测量并记录树的高度、粗细。 4. 喜欢探索公园中的树，尝试以多种艺术形式表达对树的认识。	中班	集体活动、小组活动、个人活动	益智区、美工区、音乐区、阅读区	散步、离园、来园、盥洗	远足	参观活动、亲子活动、远足活动、调查活动、收集活动	专室活动
	苏式建筑（15）	艺术、科学、语言、社会	1. 愿意完整地讲述在吴江公园发现的苏式建筑的特点。 2. 与家长运用调查资料等方式，深入了解公园里苏式建筑的特点。 3. 能了解苏州气候与苏式屋顶形状的关系。 4. 关注周边的苏式建筑，了解并喜爱家乡的建筑文化。	大班	小组活动、集体活动、个人活动	美工区、语言区、益智区、建构区	散步、离园、来园	远足	参观活动、亲子活动、调查活动、收集活动	专室活动
	洞洞的秘密（19）	艺术、科学、语言、社会	1. 主动发现吴江公园中各式各样的洞。 2. 能有序、连贯、准确地介绍自己在吴江公园找到的洞。 3. 用剪纸、折纸、泥工、绘画等方式，大胆创作关于洞的艺术作品。 4. 愿意用图画和符号记录不同洞的形状、功能及与动植物之间的关系。	大班	小组活动、集体活动、个人活动	美工区、语言区、表演区、益智区	晨间、散步、就餐、吃点心、离园、来园、盥洗	钻、爬	炊事活动、参观活动、亲子活动、调查活动、收集活动	专室活动

续表

活动类别与名称		领域	关键经验	年龄班	实施途径					备注
					教学	区域	生活环节	运动	实践	
主题系列	探秘昆虫（10）	科学、艺术	1. 喜欢寻找昆虫，了解昆虫的居住环境、特征、习性。 2. 愿意用图画和符号表现昆虫的生长周期。 3. 能在成人的帮助下，收集材料，制作昆虫屋。	中班、大班	集体活动、小组活动、个人活动	益智区、美工区、音乐区、阅读区、建构区	散步、离园、来园	远足	参观活动、亲子活动、远足活动、调查活动、收集活动、饲养活动	
	公园地图（10）	社会、健康、科学、语言、艺术	1. 愿意并能够用简单的语言描述吴江公园各区域大致位置。 2. 能够大致听懂成人对吴江公园的介绍。 3. 尝试运用多种方法绘制徒步至吴江公园的最短路线。能够完整地用图画和符号表现行动的路线和沿途的发现。 4. 会与同伴合作解决行动中遇到的困难。	小班、中班、大班	集体活动、小组活动、个人活动	益智区、美工区、音乐区、阅读区、建构区	散步、离园、来园	远足	参观活动、亲子活动、远足活动、调查活动、收集活动、畅游活动	
	公园里的桥（9）	社会、科学、艺术	1. 喜欢用语言描述吴江公园各种各样的桥。 2. 能够主动发现桥的构造和特点。 3. 积极观察，尝试运用简单易懂的方式进行记录。 4. 能充分调动自己关于桥的已有经验，进行建构活动，乐于与同伴分享交流建构的过程。	小班、中班、大班	集体活动、小组活动、个人活动	益智区、美工区、音乐区、阅读区、建构区	散步、离园、来园	远足	参观活动、亲子活动、远足活动、调查活动、收集活动、畅游活动	

续表

活动类别与名称		领域	关键经验	年龄班	实施途径					备注
					教学	区域	生活环节	运动	实践	
单个	雨水花园	科学	通过探究找到雨水花园的工作原理。	大班	小组活动	科学区	—	远足	畅游活动	
	我是一颗小石头	科学	乐于并敢于提出关于石头的问题。	小班	小组活动	建构区	散步户外游戏	远足	收集活动	
	说说道路	科学	尝试运用观察和简单的测量方法得出关于路的结论。	中班	小组活动	益智区	—	远足	畅游活动	
	水的流动	科学	运用多种感官探究水的特性，感知四季中水的状态。	中班	小组活动	阅读区	户外游戏	远足	调查活动	
	自然的声音	科学	敢于用简单的语言表达自己对自然界中声音的疑问和发现。	小班	小组活动	科学区	—	远足	畅游活动	
	呀，蜗牛	科学	喜欢观察蜗牛，探究其外形特征及食性、居住的环境。	中班	小组活动	科学区	—	远足	调查活动	
	湿地的秘密	科学	乐于参与并能主动发起探究公园湿地的活动，主动分享和交流自己的探究和发现。	大班	小组活动	实验区	户外游戏	远足	调查活动	
	有个月季园	社会	知道参观月季园的一些注意事项。	小班	小组活动	美工区	—	远足	畅游活动	
	亲亲草地	艺术	在观察小草颜色、形态的基础上，尝试用水彩笔画短线条。	小班	小组活动	科学区	—	远足	亲子活动	
	公园地图	社会	尝试观察和记录沿途的关键道路、明显的建筑物等，明确从幼儿园通往公园的路线和行走路径。	大班	小组活动	科学区	—	远足	畅游活动	

注：括号内数字表示活动个数。

公园里有什么

🌙 课程计划

  公园中丰富的资源赋予儿童灵性的力量。在公园里,所有的幼儿都能参与进来,他们会发现动植物的秘密,在探究过程中寻找昆虫,观察昆虫的居住环境和习性,丈量大树,记录发现……儿童可以在自然中享受研究的过程,获得幸福感。如何用好公园资源,将由公园资源引发的活动纳入幼儿园课程,实现"资源—活动—经验"的有效转化,促进幼儿的发展,是幼儿园教研必须研究的课题。

  应通过课程审议将公园资源融入计划。幼儿园应遵循适宜性、多样性、立体性原则,在课程的

整体架构中兼顾统整纵向（小、中、大年龄段的层次性、连续性、递进性）、横向（五大领域）两大维度，在蓝本课程的基础上进行课程内容重构的课程审议，将资源落实到课程计划、主题计划、活动计划中，使孩子们参与由吴江公园资源引发的活动，成为教师有目的、有计划地引导幼儿获得有益经验的过程。具体通过以下三种方式列入课程计划。

单个活动

对幼儿在与公园资源互动过程中生发的兴趣浓、教育价值高、时效性强且与当前课程主题缺乏关联度的活动，进行单个组织，不纳入主题活动系列。

主题活动

聚焦有价值的公园资源开发、顺应幼儿学习发展需要的主题活动包含的内容更丰富，形式更多样。如当幼儿对周围建筑产生兴趣时，便可以与吴江公园中的各类建筑资源联结。可选取吴江公园中独特的苏式建筑资源，以主题的形式纳入课程，根据幼儿的年龄特点，设计符合不同年龄段幼儿发展需求的活动。此外，活动可以不拘泥于预设，可以将主题开展过程中的偶发事件、幼儿感兴趣的内容作为课程的生发点，在教师反复审议、规划，把握经验联结和主题延展性的基础上形成连贯的、注重幼儿经验完整性和延续性的主题课程。

系列活动

系列活动的时间跨度可以是整个学年，将公园带有四季特征的资源与儿童的学习有机融合，基于幼儿在季节变化和时间变迁中累积的多元感知，生成有延续性的系列活动。内容涵盖不同季节动

公园里有什么

植物的变化，以激发幼儿深入探究公园中四季奥秘的意愿。还可将探究聚焦于细微之处，如昆虫、地图、桥等，为课程的深入开展创造新的可能。

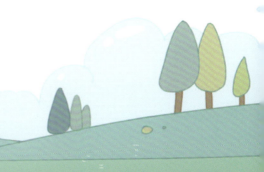

学期课程计划

2020—2021年度第二学期中班课程计划一览表

序号	主题名称	主题目标（价值分析）	主题持续时间	主要资源列举 自然	主要资源列举 社会	主要资源列举 文化	主题来源	备注
1	海陆空出动	1. 引导幼儿观察和了解各种交通工具，激发幼儿的想象和创造能力。 2. 鼓励幼儿运用调查、探访的方式，收集与幼儿生活相关的交通工具信息，尝试用符号进行记录。 3. 鼓励幼儿尝试用多种艺术手法表达自己对交通工具的认识。 4. 引导幼儿尝试设计骑行路线，并能按照路线骑行至吴江公园。 5. 鼓励幼儿在总结归纳中，体会各种交通工具为我们的生活带来的便利。	4周	—	身边的马路、社区、家长、吴江公园里的各种车子*	—	购买的蓝本课程	交通工具图片、视频等网络资源
2	树真好*	1. 帮助幼儿了解树的生长过程，发现和感知树木随四季发生的变化。 2. 鼓励幼儿用连贯、完整的语言，分享与树之间的故事，提出有关树的更多问题。 3. 为幼儿提供多样的材料，引导他们尝试用各种材料进行以树叶为原材料的艺术创作。 4. 与幼儿一同进行头脑风暴，了解树资源在游戏、艺术、生活等方面的作用。 5. 引导幼儿体会利用自然物进行创造的乐趣。	4周	吴江公园的树、园内树木	马路边的行道树、小区里的树	—	自主开发的园本课程	

续表

序号	主题名称	主题目标（价值分析）	主题持续时间	主要资源列举			主题来源	备注
				自然	社会	文化		
3	快乐工作达人	1. 引导幼儿从家人的职业开始，探索不同的职业，了解家人的工作。 2. 鼓励幼儿在家庭成员的帮助下，用调查、采访等方式，了解各种不同职业的人，以及不同职业所需要的不同本领。 3. 通过有关特殊职业的参观和调查，了解不同工作的特性，学会尊重与关怀各行各业的人。 4. 调查了解公园里的工作人员，知道他们的岗位和工作内容。 5. 引导幼儿通过参观、游戏等方式，体验从事各行各业的乐趣，知道每个岗位的人都要认真负责地工作。	4周	公园里的工作、人员*、家长、社区	—	—	购买的蓝本课程	
4	虫虫、虫虫飞	1. 鼓励幼儿与同伴一起观察、发现并分享有关公园里昆虫的新奇、有趣的现象，收集并积累关于昆虫的问题。 2. 借助探究工具持续观察公园里的昆虫，查阅资料，运用符号记录，建立起对昆虫更完整、具体、系统的认知。 3. 引导幼儿与同伴合作探究，分享交流，尝试概括、整理出集体关于昆虫的研究成果，体验合作探究与发现的乐趣。 4. 帮助幼儿在接触公园里的事物和现象中积累直接经验和感性认识，鼓励幼儿热爱、尊重小动物。	4周	自然界中的昆虫（吴江公园*、田野等）	幼儿园种植地、草地、小花园、家长	—	购买的蓝本课程	各种昆虫的图片、视频等网络资源

续表

序号	主题名称	主题目标（价值分析）	主题持续时间	主要资源列举			主题来源	备注
				自然	社会	文化		
5	顽皮一夏	1. 引导幼儿通过观察公园里事物的变化，感受季节变化的美好，发现植物与季节的关系。 2. 启发幼儿对公园里观察到的现象进行思考，观察、比较夏季与其他季节的不同，设计制作调查表与统计表，记录观察到的问题。 3. 通过小组学习的方式，鼓励幼儿共同学习、研究，让幼儿在与同伴合作中学会表达、交流、分享。 4. 支持幼儿通过提问、研究、整理资料、得出结论等方式，体验科学探究的乐趣。	4周	自然界中的自然现象（风雨雷电）、动植物	家长、吴江公园里的动植物*	避暑工具的演变	购买的蓝本课程	避暑常识的视频等网络资源

注：带*者是利用本书所谈资源开发的活动。

公园里有什么

2020—2021年度第二学期大班课程计划一览表

序号	主题名称	主题目标（价值分析）	主题持续时间	主要资源列举			主题来源	备注
				自然	社会	文化		
1	苏式建筑*	1. 了解苏式建筑的显著特点，寻找苏式建筑与其他建筑明显的不同。 2. 引导幼儿在公园地图上找到苏式建筑的位置，与家长运用查阅资料等方式深入了解苏式建筑的特点。 3. 鼓励幼儿在众人面前表达，能够用清晰的语言向他人介绍苏式建筑的两三个有特色的方面。 4. 初步了解各类亭、廊的造型特点和建筑特色，感知其基本结构，并能运用线条、形体组合等方式表现苏式建筑的基本特征。 5. 热爱自己家乡的独特建筑文化，会为自己的家乡文化感到骄傲。 6. 寻找身边的苏式建筑。	4周	—	吴江公园亭、廊、桥	苏式花窗（非遗）	自主开发的园本课程	
2	符号会说话	1. 关注公园中的各种符号标记，进一步了解公园里各种符号的不同表达意义和用途。 2. 愿意参与搜集身边各种符号的活动，用比较清楚的语言表达自己对符号的理解。 3. 选择适当的工具和材料，与同伴合作制作公园里的各种提示符号。 4. 学会思考符号存在的意义，尝试理解符号蕴含的文化意义和社会意义。	4周	—	吴江公园*、社区、街道中的各种符号	—	购买的蓝本课程	

续表

序号	主题名称	主题目标（价值分析）	主题持续时间	主要资源列举 自然	主要资源列举 社会	主要资源列举 文化	主题来源	备注
3	地球小卫士	1.感受到生活在地球上的美好，认识秋季公园里各种植物和动物的变化。 2.乐意与同伴分享保护环境的经验，树立正确的环保观念，懂得从自己身边的小事做起，节约能源和资源。 3.能积极利用各种废旧材料进行合理创作，发展想象力和动手操作能力，体验变废为宝的乐趣。 4.通过实践活动，懂得地球是我们宝贵的家园，激发幼儿热爱生活、热爱大自然的情感。	4周	吴江公园里的自然资源*，幼儿园、社区的自然资源	吴江公园*、周边社区	—	购买的蓝本课程	环保知识小视频等网络资源
4	洞洞的秘密*	1.乐于探索生活中各式各样的洞，并向他人介绍自己发现的洞的秘密。 2.能根据洞的不同特点进行分类，体会洞与动植物、建筑之间的关系。 3.尝试用多种方式感知洞，熟悉不同洞的作用、属性。 4.激发幼儿对大自然中的洞进行深入探索的兴趣和对艺术创作的热爱，感受大自然的神奇。	4周	动物的巢穴、大自然中的洞	吴江公园	—	部分自主开发的园本课程	
5	红红的新年	1.知道春节是新的一年的开始，感受迎接新年的喜庆氛围，激发对中国传统节日春节的期待。 2.借助阅读、参观、欣赏、交流等活动，知道南北方庆祝新年的相关习俗，丰富有关新年的经验，愿意探究自己感兴趣的过年话题。 3.积极参与讨论，提出自己的设想，学习制订计划，开展迎新年的系列活动。 4.借助语言、艺术等形式，运用符号、图画等不同方式，积极表达冬季吴江公园的变化。	4周	—	幼儿园、同伴、家长、社区	春节	购买的蓝本课程	

注：带*者是利用本书所谈资源开发的活动。

公园里有什么

主题活动计划

2019—2020年度第二学期小班主题活动一览表

主题名称	持续时间	活动名称	来源	主要资源	备注
春天真美丽	4周	春天来了*	购买的蓝本课程	幼儿园、吴江公园、小区、野外	
		我看到的春天	购买的蓝本课程	网络资源、图书资源	
		参观月季园*	自主开发的园本课程	吴江公园里的月季园	
		春天	购买的蓝本课程	网络资源、图书资源	
		花路*	购买的蓝本课程	图书资源、网络资源、吴江公园里的花	
		认识月季*	自主开发的园本课程	吴江公园月季园里的月季、小区里的月季	
		花儿真美丽	购买的蓝本课程	图书资源	
		花儿好看我不摘*	自主开发的园本课程	吴江公园、幼儿园、小区里的花	
		毛毛虫	购买的蓝本课程	网络资源、图书资源	
		小蜗牛出来了	购买的蓝本课程	网络资源、彩泥	
		小鸡小鸭	购买的蓝本课程	图书资源、幼儿园饲养角	
		小鸡出壳	购买的蓝本课程	网络资源、图书资源、幼儿园饲养角	
		春风	购买的蓝本课程	网络资源、图书资源	
		草地上的花*	自主开发的园本课程	吴江公园、幼儿园、小区里的草地	
		一片小树林*	购买的蓝本课程	网络资源、吴江公园的树林、自然界中的其他树林	
		小兔和狼	购买的蓝本课程	图书资源、网络资源、美工材料	

注：带*者是利用本书所谈资源开发的活动。

2020—2021年度第一学期中班主题活动一览表

主题名称	持续时间	活动名称	来源	主要资源	备注
走进公园*	4周	我们去远足	自主开发的园本课程	网络资源、家长资源、吴江公园	
		公园地图	自主开发的园本课程	吴江公园、美工材料、家长资源	
		玩转路线图	自主开发的园本课程	实物地图、美工材料、游戏道具	
		公园大调查	自主开发的园本课程	记录表、家长资源、吴江公园	
		公园寻宝	自主开发的园本课程	吴江公园、游戏道具、公园地图	
		公园一景	自主开发的园本课程	写生材料、吴江公园	
		公园里，我最喜欢的地方	自主开发的园本课程	吴江公园、记录表	
		公园里的标志	自主开发的园本课程	吴江公园的标志、网络资源、记录表	
		认识标志	自主开发的园本课程	吴江公园的标志、网络资源	
		我设计的标志	自主开发的园本课程	图书资源、网络资源、美工材料	
		标志大比拼	自主开发的园本课程	自制标志、汇总表	
		公园里的设施	自主开发的园本课程	调查表、吴江公园	
		公园设计图	自主开发的园本课程	吴江公园、网络资源、设计图纸	
		公园初搭建	自主开发的园本课程	建构材料、公园图片	
		公园分享会	自主开发的园本课程	评比表、表征作品	

注：带 * 者是利用本书所谈资源开发的活动。

公园里有什么

2020—2021年度第二学期中班主题活动一览表

主题名称	持续时间	活动名称	来源	主要资源	备注
树真好*	4周	树真好	自主开发的园本课程	图书资源、家长资源	
		你好，大树	自主开发的园本课程	吴江公园的树、小区的树	
		千姿百态的树	自主开发的园本课程	吴江公园的树	
		大树笔记分享会	自主开发的园本课程	记录表、家长资源	
		走树桩	自主开发的园本课程	吴江公园内的树桩、家长资源	
		大树妈妈	自主开发的园本课程	网络资源、表演道具	
		创意树	自主开发的园本课程	网络资源、图书资源、美工材料	
		拜访行道树	自主开发的园本课程	吴江公园路边的行道树、幼儿园附近马路边的行道树、家长资源、网络资源	
		爱护树朋友	自主开发的园本课程	吴江公园、家长资源、网络资源	
		树是我的家	自主开发的园本课程	图书资源、网络资源	
		春天的树	自主开发的园本课程	吴江公园的树、小区的树	
		大树	自主开发的园本课程	网络资源	
		保护树的方法	自主开发的园本课程	吴江公园的树、网络资源	
		会跳舞的叶子	自主开发的园本课程	网络资源	
		叶子精灵	自主开发的园本课程	吴江公园、社区资源、家长资源	
		木制品大集合	自主开发的园本课程	家长资源、网络资源	
		种树	自主开发的园本课程	幼儿园的土地、种植小工具、图书资源、网络资源	

注：带*者是利用本书所谈资源开发的活动。

2020—2021年度第一学期大班主题活动一览表

主题名称	持续时间	活动名称	来源	主要资源	备注
洞洞的秘密	4周	钻山洞	自主开发的园本课程	幼儿园、低结构材料	
		洞洞窗花	购买的蓝本课程	幼儿园、美工材料、网络资源、家长资源	
		唱唱神秘洞	购买的蓝本课程	网络资源	
		听，洞洞在唱歌	购买的蓝本课程	网络资源、家长资源	
		一片叶子落下来*	自主开发的园本课程	吴江公园树林、记录表	
		洞在哪里*	自主开发的园本课程	吴江公园假山、草地、树林、健身设施、路、桥、亭、廊	
		桥*	自主开发的园本课程	吴江公园的桥、社区的桥、网络资源	
		洞洞食物大拼盘	购买的蓝本课程	家长资源、幼儿园	
		会长大的洞*	自主开发的园本课程	吴江公园荷塘、网络资源	
		蚂蚁，蚂蚁*	自主开发的园本课程	吴江公园草地、路、山坡，幼儿园草地	
		围墙上的洞洞*	自主开发的园本课程	吴江公园的廊、围墙	
		洞洞里的故事*	购买的蓝本课程	吴江公园动物（蚯蚓、蚂蚁）的洞	
		洞洞里的动物*	购买的蓝本课程	吴江公园的动物	
		秋日自然*	自主开发的园本课程	吴江公园、社区、幼儿园	
		小熊过桥	购买的蓝本课程	网络资源、图片、表演道具、图书资源	
		哪些洞洞不能动	自主开发的园本课程	网络资源、图片、记录表	
		爱吃的洞	自主开发的园本课程	幼儿园、社区垃圾分类站	
		爱打洞的老爷爷	购买的蓝本课程	家长资源、网络、图书资源	
		光影大师*	自主开发的园本课程	吴江公园内的树林、月季园、草地、假山	

注：带*者是利用本书所谈资源开发的活动。

方案设计

主题活动方案

⭐ 树真好（中班）

一、集体活动　你好，大树

活动目标

1. 了解树的不同组成部分，并能说出相应的名称。
2. 喜欢讲述自己对树的认识。

活动准备

1. 相机。
2. 吴江公园的空场地。

活动过程

（一）带领幼儿到吴江公园里，找一处小树林坐下来

（二）请幼儿随意找一棵树，说说树是由哪些部分组成的

1. 树是由哪些部分组成的？
2. 你喜欢树的什么部位？为什么？

（三）引导幼儿对树有更深入的了解

1. 树干长什么样子？（引导幼儿仔细观察。）

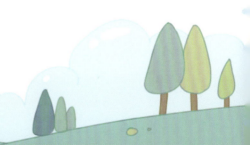

2. 树叶长什么样子？

3. 树上的花是什么样子的？你喜欢什么样的花？

4. 树有果实吗？哪些树是有果实的？果实是什么样子的呢？

5. 树根是什么样子的？有什么作用？

（四）找一棵自己喜欢的树并和树玩一玩游戏（用相机记录这些美好的瞬间。）

活动延伸

利用散步环节或者户外活动环节，带领幼儿观察幼儿园里的树，让幼儿说出它们不同的部位。

活动反思

在这个活动中，为了让孩子们更加清晰地了解和准确地说出树的不同部位，我们直接把孩子们带到吴江公园里，通过观察、比较等方式，孩子们对树的不同部位都有了全面、细致的了解。活动结束后还进行了知识的迁移，激发孩子们的探索兴趣，并请家长们协助，利用空余时间多带孩子们到大自然中去走走、看看。如看到不同的树时，请家长们拍下来，放在班级QQ群里一起分享、交流。在带孩子们外出的过程中，看到不同的树就让孩子说说树的不同部位，如说得不对家长应及时纠正。

（任 华）

二、参观活动　千姿百态的树

经验联结

通过前期主题活动的开展，孩子们对树产生了浓厚的兴趣。为了让孩子们对树的姿态有更多的了解，教师带领他们参观吴江公园里的树，并引导他们用语言或者肢体语言来学一学、讲一讲树的不同姿态。

活动准备

经验准备：有一定的语言表达能力，能分清楚树的各种部位，知道参观时注意安全。

参观对象和内容

今天我们要到吴江公园里去参观，通过小朋友自己的观察，欣赏不同的树的姿态，了解它们的样子。

参观前谈话

（一）小朋友们知道吴江公园里有些什么树吗？它们长什么样子呢？在参观的过程中，请大家仔细观察哦！

（二）带领幼儿参观吴江公园，欣赏各种树的姿态（边参观，边讨论。）

1. 问：我们的周围有这么多的树，你能说说它们是什么样子的吗？
2. 幼儿自由回答。（引导幼儿用语言或者肢体语言来进行表达。）

参观后汇总和讨论

组织幼儿讨论：刚才我们去吴江公园里参观了，看到了很多的树。请小朋友说说，树都是

什么样子的呢？除了吴江公园，你在哪里也看到过树？它们又是什么样子的呢？

汇总：在吴江公园里看到了很多的树。有的树很粗，需要我们几个小朋友才能抱住，有的一个人就可以抱住了；有的长得很高很高，有的长得矮；有的长得直直的，有的树的树干是歪歪扭扭的……每棵树长得都不一样。

活动延伸

幼儿集体制作"美丽的吴江公园小树林"手工作品。

（任　华）

三、调查活动　大树笔记分享会

经验联结

为了让小朋友了解吴江公园里各种各样的树，教师组织调查活动，让他们知道吴江公园里树的名称、外形特点等。

活动准备

经验准备：有一定的绘画技能。

材料投放：调查表、笔等。

调查对象和内容

通过到吴江公园实地调查，知道吴江公园里树的名称、外形特点。

调查前谈话

请小朋友到吴江公园找一找公园里的树，在表格的第二列空格中写上树的名称(老师帮忙代写)。第三列的空格里请小朋友把自己看到的树的外形画出来。在第四列空格中画出这棵树树叶的样子。如果你看到的树是开花或者是结果子的，你们就可以把花或者果子的外形画在第五列的空格中。

活动内容

调查后汇总和讨论

组织幼儿讨论：

1. 请幼儿一一分享自己的调查表。

你观察的大树叫什么名字？你所看到的和画出来的这棵大树是什么样子的？它的树干是什么样子的？它的树叶是什么形状的？现在的颜色是怎样的？它有花吗？

2. 谁和他一样也观察了这种树？你的观察结果和他一样吗？说说你看到的不同的地方。

汇总讨论结果

通过调查，我们认识的有柳树，柳树的枝条是长长的、弯弯的，叶子是绿色的、两头尖尖的；有松树，它的外形像个三角形，叶子摸上去很硬，细细小小的像针一样；有梧桐树，它的叶子像我们的小手；等等。

活动附件

大树调查表

班级：_____　　　　　　　　姓名：_____

序号	树的名字	树的外形（绘画形式）	树叶的特点（图文结合）	备注
1				
2				

（任　华）

四、集体活动　大树妈妈

活动目标

1. 学唱歌曲，体验歌曲柔和、愉快的情绪。

2. 尝试分角色表演歌曲。

活动准备

1. 大树妈妈、小鸟、摇篮等图片、图谱。

2. 歌曲伴奏音乐。

活动过程

（一）谈话导入，引出主题

1. 你们知道小鸟们喜欢把家建在什么地方吗？你们在哪里见到过鸟窝？

2. 引导幼儿回忆在哪些地方见到过鸟窝，并请幼儿猜测鸟儿为什么喜欢把巢建在大树上。

（二）讲述故事，创设情境

《大树妈妈》的故事：从前，有一棵大树，个儿高高的，每天都举着茂密的树枝和树叶为小花、小草们遮风挡雨，大家都叫她大树妈妈。有一天，一只迷路的小鸟找不到妈妈了，他停在大树妈妈的手臂上，急得呜呜地哭。大树妈妈说："别哭别哭，孩子，我就是你的妈妈。"大树妈妈用她的树枝和树叶做成了一个温暖的摇篮，摇呀摇，摇篮里的小鸟甜甜地睡着了。

（三）借助图谱，学唱歌曲

1. 教师出示图谱，引导幼儿跟着图谱熟悉歌词。
2. 教师播放《大树妈妈》伴奏音乐，引导幼儿轻轻哼唱。
3. 引导幼儿有表情地做动作，进行演唱。

（四）分配角色，表演歌曲

活动延伸

教师利用餐前、餐后时间跟幼儿一起从之前分享的记录表中找一找关于鸟窝的记录，引导幼儿观察、讨论，以深化对歌曲内容的理解。

活动反思

孩子们在吴江公园观察大树的时候，发现树枝茂密的大树上会有鸟窝，大树就像妈妈一样保护着鸟宝宝。幼儿的内心充满了对小动物的亲近之情与对大树妈妈的感激之情，他们觉得是大树给了鸟儿们安全温暖的家。有了这样的直观感受，在演唱这首歌曲时，幼儿好像又回到了公园大树下，哼唱歌曲时更有真情实感，更能表达对大树妈妈的感激之情。

（管小婷）

五、区域活动　创意树

经验联结

本次活动源于孩子们在吴江公园捡拾到许多形态各异的树枝。他们观察发现树枝的形态各不相同，开始讨论这些树枝像什么，进而激发了自身进一步想象与创造的意愿。

活动目标

1. 尝试用树枝想象造型，并大胆讲述。
2. 能用简单的材料进行装饰，体验成功的乐趣。

活动准备

经验准备：活动前了解树枝的多种组合方法。

材料投放：树枝、颜料、水彩笔、亮片、纽扣、夹子、毛根、彩纸、插树枝的容器等。

活动内容

观察树枝，畅想创意树的制作方法，讨论怎么把树枝组合成一棵立体的、有层次的树。制作完成后，请幼儿分享自己的方法。

活动要求

1. 提醒幼儿可先把自己的想法简单地画在白纸上，再进行实际操作。
2. 在固定树枝的时候可请身边的伙伴帮助，合作完成。

指导要点

1. 引导幼儿讨论是先把树做好再装饰，还是先装饰再做成立体的树，为什么？
2. 鼓励幼儿两两合作进行树枝的组合工作。组合的时候幼儿可尝试多种固定方法，在尝试中发现用哪种材料固定树枝是最牢固或最简单的。
3. 在作品评价环节鼓励幼儿分享自己的方法。

活动延伸

请幼儿给自己的创意树签名,并把它插到容器里,装饰教室。

(管小婷)

六、调查活动　爱护树朋友

经验联结

小朋友和爸爸妈妈去吴江公园散步时发现大树正在"挂水",于是拍下照片带到幼儿园来给伙伴们看。大家都很好奇:"大树生病了吗?""挂的是什么?""为什么要挂水?"由此引发了"爱护树朋友"的调查活动。

活动准备

经验准备:有过简单的调查活动经验。

材料投放:树木"挂水"照片、爱护树木调查表。

调查对象和内容

通过对公园里的工作人员以及在公园里活动的人的调查,了解大树"挂水"的原因,并且收集保护树木的多种办法。

调查前谈话

为什么公园里的大树需要"挂水"?调查时可以去问问公园里的工作人员或在公园里活动的人,并把他们的回答记录下来。

调查后汇总和讨论

回到幼儿园后,教师组织幼儿分组讨论调查结果:

1. 大树身上挂的水其实是给大树补充营养的"营养液"。

2.由于气候、虫害等问题,有些大树很虚弱,所以需要给它们输送营养液,帮助它们恢复活力。

3.药液由导管直接输到树干中心,树木很容易吸收,增强树势的恢复力。同时,营养液中含有杀菌成分,可为大树防病。

活动附件

"爱护树朋友"调查表

班级:＿＿＿＿＿＿＿　　　　　　　姓名:＿＿＿＿＿＿

我想知道	我问的谁	调查结果

(管小婷)

七、集体活动　树是我的家

活动目标

1. 有感情地朗诵儿歌并进行简单仿编。
2. 对住在树上的动物感兴趣，有进一步探究的欲望。

活动准备

1. 住在树上的小动物图片。
2. 舒缓的背景音乐。

活动过程

（一）请幼儿想一想、说一说哪些动物的家是安在树上的

1. 你知道哪些动物喜欢把家安在树上？
2. 这些小动物会在树上干什么呢？

（二）播放背景音乐，老师朗诵儿歌《树是我的家》，请幼儿倾听，结合图片理解儿歌内容

（三）启发幼儿根据儿歌内容设计动作，边念边表演

指导要点：鼓励幼儿想象小动物们在树上、树边玩耍的各种动作，并在集体面前进行表演。

（四）仿编儿歌

还有什么动物的家会在树上呢？你能像儿歌里一样来说一说吗？

附：儿歌《树是我的家》

我是小松鼠，

树是我的家，

我在树间扮家家。

我是小蚂蚁，

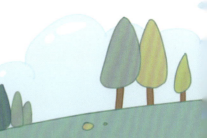

树是我的家，

我在树下转圈圈。

我是小毛虫，

树是我的家，

我在树上荡秋千。

活动延伸

在表演区投放用吴江公园里树枝做的大树，以及各种以树为家的小动物图片，鼓励幼儿继续进行儿歌的创编表演。

活动反思

吴江公园的小动物可真不少，在竹林间、草坪上、湿地旁和树林里，幼儿随时会发现各种鸟儿、虫儿。孩子们通过观察、探索发现，有许多动物的家都在树上，因此教师与幼儿一起创编了这首有趣的儿歌。活动中，教师利用图片、音乐等教学工具创设了自由、宽松的语言交往环境，让幼儿想说、敢说、喜欢说、有机会说并能得到积极应答，支持鼓励幼儿大胆、清楚地表达自己的想法和感受。

（管小婷）

八、区域活动　春天的树

经验联结

吴江公园有着种类繁多的花草树木资源，本次活动是春天幼儿去吴江公园远足时，观察到公园里的树木在抽芽、开花等显著变化后生发的区域活动。中班的孩子已经能通过观察、探索发现动植物在四季更替时的生长变化，通过出示吴江公园春天树木的照片，幼儿充分欣赏感受各种树木的形态和色彩,激发艺术创作的意愿。

活动目标

1. 通过点、吹等技能表现春天公园树木的多姿多彩。

2. 幼儿乐意了解自然、观察自然,提高艺术表现力。

活动准备

1. 吴江公园春天树木照片 PPT。

2. 各种颜料、纸、调色盘、排笔。

活动内容

欣赏春天吴江公园树木 PPT,引导幼儿观察讨论,提供多种材料供幼儿进行艺术创作活动,最后展示作品,鼓励幼儿相互欣赏与评价。

活动要求

1. 在吹画时注意不同树木的外形特征。

2. 按照自己观察到的花朵的不同样态,用适当的工具进行绘画。

3. 注意吹画时的力度与方向。

指导要点

1. 请幼儿分别观察吴江公园中的桃树、杏树、柳树、海棠、杜鹃、女贞、黄杨、樱花树……重点请幼儿说一说各种树的树干、树枝、树叶、花的外形特征与色彩。

2. 教师与幼儿一起讨论吹画树干的方法:在纸上滴几滴赭石色颜料,用嘴吹成树的样子,等晾干后,再给树穿上不同的衣裳,变成幼儿喜欢的树。

3. 幼儿创作,教师适时指导幼儿用嘴吹出树干。

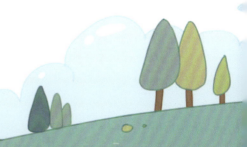

活动延伸

在散步时间引导幼儿仔细观察幼儿园中不同树的变化。

（管小婷）

九、生活环节渗透 保护树的方法

经验联结

在一次去吴江公园游玩的过程中，公园柳树上被蚜虫咬过的洞洞引起了孩子们的讨论。"柳树的叶子上为什么会有一个一个的洞洞？""是谁咬掉的？""我们怎么消灭它呢？"……于是孩子们有了一个想法：幼儿园的海棠树也有蚜虫，怎么来消灭蚜虫保护海棠树呢？

活动准备

经验准备：教学电子资源《保护树的方法》。

工具和材料：镊子、瓶子、木棒、锤子、大蒜、姜等。

活动内容和方式

1. 利用餐后、离园等时间播放教学电子资源中的照片，让幼儿看一看有哪些给树驱虫的方法。为什么树叶上会有蚜虫？蚜虫爱吃什么？不爱吃什么？讨厌什么气味？

2. 利用户外活动时间，引导幼儿将制作的各种驱虫涂料，如大蒜泥、姜汁等涂在树叶上，观察记录蚜虫的反应。

活动中的指导

1. 探索怎样将大蒜捣成细腻的蒜泥。
2. 还有哪些保护树的方法？

活动延伸

1. 生活区：制作各种驱虫的涂料。
2. 户外区：给小树捉虫等。

（陈勤芳）

十、集体活动 会跳舞的叶子

活动目标

1. 感受乐曲中三拍子的强弱弱节奏型。

2. 学习演唱并表现会跳舞的叶子。

活动准备

1. 视频：春风中树叶舞动的景象。

2. 歌曲：《会跳舞的叶子》。

3. 歌曲图谱。

活动过程

（一）观看视频，感受春天里树叶随风舞动的姿态

（二）幼儿倾听歌曲，随着音乐轻轻拍节奏，体会节奏的优美舒缓，感受三拍子节奏

（三）用身体各个部位感受和表现三拍子节奏

1. 这首歌的节奏是怎么样的？它是几拍子？谁会拍出这个节奏？

2. 除了拍手，还可以用什么动作来表现这个三拍子节奏呢？如拍一下腿，然后拍两下手。

（四）幼儿自由探索各种表现方法后，教师再次弹奏歌曲2到3遍，让幼儿用自己的身体随着歌曲打出节奏。

（五）出示图谱，引导幼儿想象歌曲的内容。

1. 绿色的叶子，它像什么？小叶子跳起舞来是什么样子的？

2. 他们跳舞的时候是什么表情？你喜欢这些跳舞的叶子吗？

3. 画中的小女孩随着歌曲做了什么动作？你可以学一学吗？

（六）再次弹奏歌曲，让幼儿看图谱跟随着歌曲一起演唱

（七）请幼儿在教室里找合适的位置，随着歌曲唱唱跳跳，扮演会跳舞的叶子

活动延伸

1. **表演区**：投放《会跳舞的叶子》图谱，让幼儿进行歌曲表演。

2. **美工区**：投放收集来的树叶，引导幼儿制作树叶书签。

教学反思

春天来了，树叶飘飘，孩子们看见公园里在枝头飞舞的树叶，时而扭动腰肢，时而摆臂飞舞，像小鸟，像蜻蜓，像蝴蝶。孩子们快乐地和小树叶做着朋友，感受春意盎然的美好。因此，活动中通过情境创设、动作创编、合作表演等环节，激发幼儿探究树叶的兴趣，感受与树叶翩翩起舞的快乐情感。

（陈勤芳）

十一、区域活动　叶子精灵

经验联结

去吴江公园时，孩子们收集了各种各样的叶子，对叶子进行了分类、制作，积累了有关叶子的经验。于是在区域活动时，孩子们想继续用叶子开展各种创作活动，丰富游戏情节。

活动目标

1. 尝试用叶子及各种材料制作精灵的服饰。

2. 享受扮演精灵的快乐。

活动准备

1. 收集纱巾、亮片、魔棒、皇冠、彩色贴纸、皱纹纸、拉花等装饰材料。

2. 各种叶子。

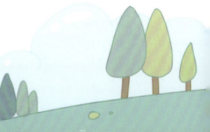

3. 欢快、柔和的音乐若干。

活动内容

1. 教师将一些精灵的图片布置在区角，供幼儿装扮时参考。

2. 幼儿为自己设计叶子精灵的服饰，如用柳条做的花环、手环、裙子等。

3. 播放音乐，跟随音乐扮演精灵，随意舞蹈。

活动要求

利用各种各样的叶子、纱巾、彩纸等辅助材料进行装饰，制作叶子精灵服饰。可与同伴合作，也可独立完成。

指导要点

1. 男孩子也可以扮演精灵，教师可以引导幼儿考虑如何装扮男精灵，鼓励男孩子参与到活动中。

2. 提醒幼儿，他们扮演的是叶子精灵，所以一定要有叶子的元素在其中。

活动延伸

1. 美工区：制作各种叶子的游戏道具，如头饰、服饰等。

2. 表演区：将幼儿制作的叶子精灵服饰投放其中，引导幼儿进行表演活动。

（陈勤芳）

十二、收集活动　木制品大集合

经验联结

孩子们发现美工区投放了很多木片、木块等木制品，引发了他们对木制品的关注与讨论。老师就鼓励孩子们从幼儿园、家里等处收集各种各样的木制品，发现木头在生活中的用处。

活动准备

经验准备：幼儿已了解一些生活中的木制品，如教室里的桌椅、小床等。

材料投放：收集各种木制品以及用来展示的桌子、架子等。准备教学电子资源《木制品大集合》。

收集对象与内容

收集生活中的木制品，通过认一认、找一找、做一做等活动引导幼儿进行观察、探索、交流、分享、归纳，让幼儿了解木制品在生活中的运用以及树木与木制品之间的关系。

收集前谈话

木头是哪里来的？这些木头可以做什么呢？我们生活中有哪些是木制品？请幼儿将收集来的木制品实物或图片贴好标签带到班上。

收集后汇总、展示、交流和讨论

在教室一角开辟展览区，展示幼儿收集来的各种木制品，给幼儿近距离观察、感受的机会，鼓励幼儿交流与讨论。

活动延伸

在阅读区提供有关树木、木制品的图片、书本，供幼儿翻阅，进一步了解木制品与树木的关系。

（陈勤芳）

十三、劳动活动　种树

经验联结

你知道什么是植树节吗？植树节是哪一天？我们可不可以在幼儿园里种树呢？围绕这些问题，幼儿们在班上进行了有关树的讨论与种植活动。

活动准备

经验准备：幼儿知道3月12日是植树节，知道植树对人类的益处：净化空气、调节气温、防风遮雨、防止火灾等。

材料投放：种树用的工具，如小铁锹、小铲子、小水桶等。自制常见树小标志牌。

活动内容

开辟幼儿园的种植角，带领幼儿学习种树以及日常管理照顾，并随时观察记录小树的生长情况。

活动前谈话

围绕树的用处、种植地点的选择、种树的方法以及需要的工具、注意的事项等方面进行交流与讨论。

活动中的巡回指导

1. 帮助小朋友掌握每棵树之间种植的间距。
2. 插上小标志牌，便于日后照看和护理。
3. 种好后全班小朋友与小树一起合影留念。
4. 收拾垃圾，整理工具。

活动后交流与讨论

1. 在种树的过程中有没有遇到困难？是怎么解决的？
2. 如何照顾自己种植的小树苗？

活动延伸

鼓励幼儿给小树以及种植地的植物进行浇水、除草、施肥、测量等日常管理照顾，并设计自己的观察记录本，记录它们的生长情况，还可组织幼儿沤肥、给小树搭支架等。

（陈勤芳）

 系列活动方案

⭐ **探秘昆虫（大班）**

一、区域活动　昆虫记——圣甲虫

经验联结

本次活动由孩子们感兴趣的绘本《昆虫记》引出，基于幼儿对甲虫的生活习性有了一定的认知，并表现出了进一步探究的意愿，我们在区域活动中创设了一个甲虫感官桌。本活动为前置活动，为后续的饲养独角仙和搭建昆虫屋做准备。

活动目标

1. 理解故事内容，了解圣甲虫的生长变化过程，知道它是益虫。
2. 能安静倾听老师和同伴讲话，学习用连贯的句子表达自己的想法。

活动准备

1. 故事《昆虫记——圣甲虫》。
2. 甲虫的生长变化图、甲虫活虫（独角仙）、图片、蒙氏教具——甲虫周期盘。

活动内容

欣赏故事《昆虫记——圣甲虫》，引导幼儿讲出圣甲虫各部位的名称，如头、胸、腹、足、触角、翅膀，分角色表演故事。

活动要求

在讲解甲虫各部位名称时，可利用图片、视频进行讲解。

圣甲虫活虫人工饲养的比较少，可购买人工饲养的独角仙进行饲养，帮助幼儿深入了解和喜爱甲虫。

指导要点

1. 观察圣甲虫的图片，引导幼儿描述圣甲虫的外形特征。

2. 引导幼儿讲出圣甲虫各部位的名称，如头、胸、腹、足、触角、翅膀。

3. 欣赏故事《昆虫记——圣甲虫》。

4. 理解并表达故事内容。

5. 分角色表演故事。

活动延伸

美工区：绘画《甲虫的一生》。

自然角：饲养甲虫（独角仙）。

益智区：甲虫生长周期盘。

（沈　潇）

二、区域活动　昆虫记

经验联结

最近的系列活动充分调动了孩子们的积极性。孩子们非常喜欢瓢虫、蚂蚁等昆虫，了解了昆虫的外形特征和生活习性，喜欢观察它们，但他们对其他的昆虫还不够了解，特别是一些平时不太接触的昆虫，如蝉等。为了让孩子们调动多种感官深入了解昆虫，我们开展了本次活动。

活动目标

1. 能运用多种感官仔细观察生活中的小生灵，发现昆虫丰富多彩的另一面。

2. 能用多种方式表现不同昆虫的特点，喜欢参加艺术活动。

活动准备

记号笔、油画棒、范作以及课件。

活动内容

在认识昆虫的基础上，画出昆虫的头、胸、腹，再画翅膀、触角和足，最后画上美丽的花纹。

活动要求

1. 在绘画时注意昆虫的外形特征：昆虫特有的头、胸、腹、一对触角、两对翅、三对足。

2. 紧贴轮廓剪下。

指导要点

（一）利用课件引导幼儿观察昆虫，如蝴蝶、蜜蜂、蜻蜓、甲虫、蝉、蚂蚁等

1. 请你来观察并找一找，昆虫由几部分组成？

2. 小组讨论交流。

3. 小结：一般昆虫都有头、胸、腹、一对触角、两对翅、三对足。这就是昆虫的结构。

（二）分析昆虫的特点

（三）画昆虫

1. 根据要求画一只昆虫。

（1）画清结构。

（2）抓准特点。

（3）添加花纹。

2. 剪下画好的昆虫，组合到大画面上。

（四）展示与评价

活动延伸

"昆虫知多少"智力赛。

（沈　潇）

三、调查活动　昆虫旅馆

经验联结

孩子们在探究昆虫的过程中提出问题：昆虫都喜欢居住在什么样的环境中呢？我们可以用哪些材料帮助昆虫搭建出它们喜欢的居住环境？由此，我们决定对昆虫喜欢的居住环境展开调查。

活动准备

经验准备：知道如何使用调查记录表，有初步的总结和归纳能力。

材料投放：昆虫旅馆的视频、昆虫旅馆调查记录表（每组一份）、各类昆虫卡片。

调查对象和内容

通过网络资源、家长资源，记录昆虫们喜爱的居住环境、搭建昆虫居住环境需要用到的材料。

调查前谈话

教师提问："你知道昆虫们喜欢住在怎样的房间里吗？"

教师请幼儿观看视频，统计收集的调查表，记录昆虫们喜爱的居住环境，准备需要用到的材料。

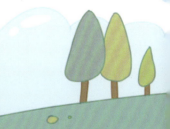

调查后汇总和讨论

教师根据幼儿的调查结果进行总结。

原木：上面钻有大小不一的孔，彼此间距5至10毫米，吸引独居蜂和黄蜂产卵，也可用来收集花粉和蜂蜜。

细长条密闭盒：为蝴蝶的冬眠期提供安全、阴暗的理想居所。

老原木和树皮：层次丰富的树皮和旧原木腐烂的气味是食碎屑类昆虫的最爱。将原木用作旅馆基底也可吸引蜈蚣（鼻涕虫天敌）。

空心木杆或竹节：蜘蛛、石巢蜂、蜥蜴和螳螂会纷至沓来，因为干燥安全的环境是它们理想的产卵地点。

枝条木棍：捆在一起会吸引步行虫和食蚜蝇"拎包入住"。

稻草、干草和树叶：混合在一起可为幽灵蛛和草蛉打造舒适住所。

木板：金属板后放置木块会吸引食木昆虫前来，同时加速木材的分解过程。

花梗：将玫瑰和接骨木的花梗成捆放置可招来食蚜蝇和其他膜翅目昆虫。

纸筒、芦苇、蛋托、松果、空心砖、陶盆、植物纤维绳、苔藓、海草、笔筒等材料也可用来装饰房间。

活动附件

"昆虫旅馆"材料准备表

适宜居住的益虫	昆虫旅馆房间材料	是哪些害虫的天敌
瓢虫		
寄生蜂		
步甲		

续表

适宜居住的益虫	昆虫旅馆房间材料	是哪些害虫的天敌
食蚜蝇		
草蛉		
螳螂		
蜻蜓		
蠼螋		

（沈　潇）

四、生活环节渗透活动　寻找昆虫

经验联结

在幼儿园总能看到一些小昆虫从眼前飞过，那昆虫们平时都躲在哪里呢？我们决定带上放大镜，去幼儿园的各个角落寻找一番。

活动准备

经验准备：已经认识一些常见的昆虫，会使用多种工具记录寻找到的昆虫，能与同伴分工合作。

材料投放：记录表、放大镜、镊子、昆虫篮、笔。

活动内容和方式

在户外活动时，幼儿根据任务进行分工，担任探险者、记录员。探险者负责寻找虫子，记录员做记录并分享记录表。

指导要点

1. 要带合适的工具去昆虫多的地方找。

你们知道公园里哪里的昆虫最多吗？寻找昆虫需要准备什么工具呢？

2. 幼儿根据任务进行分工，担任负责寻找的探险者、记录员。

注意事项

寻找合适的工具，观察并能分辨各种昆虫，保护益虫。能自主协商分工，开展活动。

活动延伸

益智区：投放昆虫的图片，了解各种昆虫的外形特征，为寻找昆虫做好经验准备。

活动附件

寻找昆虫记录表

昆虫名称	
寻找地	
寻找记录	
其他记录	

记录人：_____

（沈　潇）

五、集体活动　设计"昆虫旅馆"

活动目标

1. 通过视频，知道"昆虫旅馆"的含义。
2. 能根据自己的想法，有目的地设计自己的"昆虫旅馆"。

活动准备

1. 各种"昆虫旅馆"视频资料。
2. 画笔、画纸。

活动过程

（一）导入

今天，我们要自己来设计一个"昆虫旅馆"。想一想，你的"昆虫旅馆"要为谁搭建？

（二）讨论

1. "昆虫旅馆"可以是什么样的？

2. 为什么做这个"昆虫旅馆"。

3. 你想设计怎样的"昆虫旅馆"？

(三) 设计并试搭

1. 幼儿根据提供的材料设计自己的"昆虫旅馆"。

2. 幼儿畅想搭建"昆虫旅馆"的场景，并尝试用纸盒搭建。

(四) 小结

教师帮助幼儿梳理对设计图的新认识，总结设计图的作用。

教师小结：孩子们发挥自己的想象力，为益虫们设计它们的专属房间，并且在不久之后，我们会将设计图变成实物。

活动延伸

自然角：投放搭建材料，幼儿继续按照自己的设计图尝试进行搭建。

活动反思

确定了"住客"之后，教师引导孩子们发挥自己的想象力，为"住客"设计它们的专属房间。在整个设计过程中，孩子们都能积极参与其中，动脑动手，设计出与众不同的"昆虫旅馆"，并且我们还尝试了利用纸盒建构昆虫屋模型，孩子们也能够在老师的帮助下，完成模型的搭建。这些活动为后续的正式搭建提供了扎实的实操经验。

（沈　潇）

六、收集活动　寻找材料

经验联结

完成上次的活动后，我们知道了需要空心砖、树枝、松果、秸秆等材料来搭建"昆虫旅馆"，那这些材料要去哪里收集呢？孩子们提出可以去吴江公园找一找。于是我们带着孩子们来到吴江公园，寻找搭建"昆虫旅馆"需要的各种材料。

活动准备

经验准备：填写好收集清单，完成"昆虫旅馆"设计图。

材料投放：帽子、收集篮子、水壶等。

收集对象和内容

采用分组合作的方式，收集清单上昆虫屋制作所需的材料。

收集前谈话

明确活动任务：今天我们要为搭建自己设计的"昆虫旅馆"收集需要的材料。根据你的设计图，看看需要收集什么材料？

收集后汇总、展示、交流和讨论

幼儿分享此次活动的收获和感受，介绍自己在吴江公园收集到的材料和用途。将材料收到一起，尝试进行昆虫屋的制作。

活动延伸

把幼儿收集到的自然材料放入班级资源库，供幼儿自由选用。

（沈 潇）

七、劳动活动 我们的"昆虫旅馆"

经验联结

材料收集齐啦！孩子们迫不及待地想要搭建"昆虫旅馆"。孩子们进一步追问：搭建"昆虫旅馆"要哪些工具呢？先要做些什么呢？于是我们开始一步步地探究。

活动准备

经验准备：知道简单的搭建"昆虫旅馆"的方法。

材料投放：各类工具（锤子、钉子、木板、切割机、钉枪、刷子、油漆、手套、口罩）等，各类材料（树叶、树枝、树皮、木桩、松果、干草、秸秆）等，设计图四份。

活动内容

根据已有的搭建经验，幼儿分成小组，挑选材料，在老师和木工叔叔的帮助下进行搭建，并将昆虫屋放置到之前确定的位置。同时应注意使用工具的安全，涉及用电、锋利器具的由木工叔叔代劳。

活动前谈话

教师引导幼儿交流讨论："你知道怎么搭建'昆虫旅馆'吗？"教师请幼儿分享自己知道的搭建方法。

活动中的巡回指导

指导要点：做昆虫屋期间碰到很多困难。

活动后交流和讨论

1. 你是怎么搭建的？

2. 你遇到了哪些困难？

3. 哪里还需要昆虫屋？

活动延伸

制作更多的昆虫屋，投放到更多需要的地方，并邀请别的班的小朋友一起参观。

（沈　潇）

八、调查活动　"昆虫旅馆"的住客

经验联结

"昆虫旅馆"搭建好了，孩子们好奇它会迎来哪些"小住客"呢？我们应该怎样去观察和记录呢？带着疑问和兴趣，我们共同设计了"昆虫旅馆"记录表，开始了调查活动。

活动准备

经验准备：会将自己观察到的现象用符号的形式填写到"昆虫旅馆"记录表里。

材料投放："昆虫旅馆"记录表、笔。

调查对象和内容

调查昆虫屋中各种小昆虫的居住情况、数量，昆虫屋是否出现问题等。

调查前谈话

出示调查表,讲解调查表的要求。

表格的第一行写上观察的日期,第二行写上观察人的名字。首先需要记录当天的天气以及温度,其次记录下当天"昆虫旅馆"里的"住客"以及数量,最后需要记录"昆虫旅馆"是否出现问题。

调查后汇总和讨论

教师梳理幼儿的调查表内容:"昆虫旅馆"___月___日,来了___只___昆虫。今日"昆虫旅馆"结构稳定,未出现异常……

活动附件

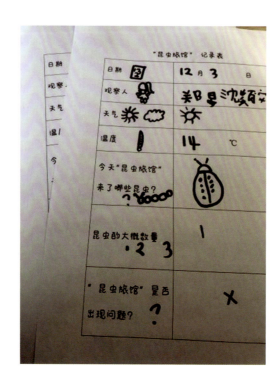

（沈　潇）

九、区域活动　制作昆虫小书

经验联结

看完法布尔的《昆虫记》后，孩子们也想讲述自己独一无二的昆虫故事。他们拿起画笔，描绘并制作了属于自己的昆虫小书，把昆虫们各种有趣的故事画进自己的小书。本活动为后延活动，他们将喜爱的昆虫故事记录了下来并且分享出去，让更多的孩子一起走进有趣、奇妙的昆虫世界。

活动目标
1. 了解书的结构，能根据故事内容设计封面，并按顺序表现一件有趣的事。
2. 对动手制作活动感兴趣，愿意自己动手制作昆虫小书。

活动准备
1. 小书 2 本。
2. 白纸、笔、订书机。

活动内容
向幼儿介绍书的结构。幼儿讨论要画昆虫的一件什么事，画出背景、场景或者故事里角色之间的活动，并在他人的帮助下将自制的昆虫图书装订成册，写上书名、作者等。

活动要求
1. 提醒幼儿制作封面、封底，署上作者、页码、价格等。
2. 帮助在绘画时遇到困难的幼儿，对不同绘画水平的幼儿可提出不一样的要求。

指导要点
1. 活动前，讨论要画昆虫的一件什么事：先发生了什么？后来发生了什么？最后结果怎样？
2. 可画出背景、场景或者故事里角色之间的活动。

活动延伸
举办幼儿作品展览。
1. 将幼儿作品布置在展示区。
2. 请作者讲一讲自己连环画上的故事，或请幼儿欣赏别人的连环画。

（沈　潇）

十、劳动活动　昆虫标本

经验联结

我们追随孩子们的兴趣不断探索，生发出了有趣的昆虫标本制作游戏。神奇的滴胶和昆虫会碰撞出怎样的火花？原来，它可以是挂坠，可以是摆件，还可以成为一个发夹……孩子们摩拳擦掌，兴致勃勃地开始制作起了自己喜欢的昆虫标本。

活动准备

经验准备：对昆虫感兴趣，有一定的动手操作能力。

材料投放：轻黏土、滴胶、模具、处理过的昆虫。

活动内容

创设一个昆虫标本馆。

昆虫泥塑：用轻黏土制作各种昆虫，悬挂在波波球内。

昆虫滴胶：将昆虫封印在滴胶内凝固。

活动前谈话

教师引导幼儿交流：我们创设一个昆虫标本馆，可以用哪些方法留住这些已经没有生命的小昆虫呢？（教师和幼儿一起确定制作标本的方法。）

活动中的巡回指导

指导要点：提醒幼儿在制作过程中观察昆虫的特征。

注意事项：在使用滴胶时注意安全，佩戴防护指套进行操作。

活动后交流和讨论

教师总结本次活动的制作经验，如：如何使滴胶消泡、如何保证昆虫的完整等，并在完成作品后，请幼儿分享制作过程中的问题与感受。

活动延伸

将制作的昆虫标本进行展示，布置昆虫博物馆。

（沈　潇）

⭐ 桥（大班）

一、生活环节渗透　我见过的桥

经验联结

桥在我们的生活中随处可见，公园里的桥、路上的高架桥、小区里的木桥、古镇里历史悠久的石桥……基本上每个小朋友都见过桥、走过桥。但是孩子们对桥了解多少？他们对桥的什么感兴趣？在散步活动中，孩子们自发寻找身边的桥。

活动准备

经验准备：幼儿生活中关于桥的认识。

工具和材料：幼儿寻找的身边的桥的照片。

活动内容和方式

在餐前等待时间，请幼儿和同伴分享关于身边桥的故事；在散步时间，请幼儿寻找身边的桥、幼儿园里的桥。

公园里有什么

活动中的指导

教师提问：小朋友们，这些桥你们见过吗？在哪里见过？

活动延伸

语言区：展示幼儿与桥的合照，让幼儿讲一讲关于桥的故事，说说除了家乡的桥，还认识哪些桥。

美工区：画一画自己认识的桥。

（戴　吉）

二、集体活动 桥的发展

活动目标

1. 初步了解桥的演变历史。

2. 积极参与讨论，大胆表达自己的发现。

活动准备

经验准备：能和同伴交流自己的发现，有一定的观察能力。

材料投放：不同时期的桥的照片。

活动过程

（一）尝试为桥的图片排序。

1. 出示不同时期的桥梁图片，请幼儿尝试按桥的演变历史进行排序。

2. 引导幼儿说一说为什么这么排序。

（二）了解桥的发展史。

1. 结合图片，向幼儿介绍桥的演变历史。

2. 提问：古时候的人们走的是什么桥，是什么样子的？随着时间的推移，后来又有什么桥，它们是什么样子的？

（三）比较过去的桥和现在的桥。

1. 过去的桥和现在的桥，有哪些不一样的地方？

2. 结合收集的图片，引导幼儿发现桥之间的不同。

3. 小结：现在的桥比过去的桥更坚固、更美观，给人们生活带来了更多的便利。

活动延伸

1. 在语言区投放不同时期的桥梁图片，供幼儿排序、讲述。

2. 在美术区提供纸、笔及各种废旧材料，鼓励幼儿完成"未来的桥"作品，并不断完善自己对桥的设计。

活动反思

本次活动来源于幼儿对桥的兴趣，通过为幼儿呈现不同时期桥的照片，让幼儿直观感知从古至今桥的发展与演变。受生活经验的限制，幼儿对桥了解较少，在活动中他们对桥积累了一定的认识，使经验更丰富，为今后的活动做准备。

（戴　吉）

三、调查活动　世界名桥

活动缘起

孩子们对于桥有了初步的感知，也引发了他们对桥深入了解的兴趣。其实还有许多桥是孩子们日常生活中较少接触的，其中包括中国或其他国家比较有特色和代表性的桥。老师发放了调查表，请孩子们和家长回去查找一些他们比较感兴趣的桥。

活动准备

经验准备：知道如何使用调查记录表，有初步的总结和归纳能力。

材料投放：桥的调查表。

调查对象和内容

通过网络资源、家长资源，记录世界上比较著名的桥，说说他们的特点是什么。

调查前谈话

教师请小朋友们和爸爸妈妈一起查找名桥，并记录在调查表上。

调查后汇总和讨论

总结孩子们的调查结果,发现大部分的孩子调查了南京长江大桥、港珠澳大桥、伦敦塔桥、赵州桥等,孩子们在分享调查结果的过程中也一直对各种桥的壮观与宏伟赞不绝口。

活动附件

世界名桥调查表

桥的造型	桥的特别之处	桥的用途

(戴 吉)

四、参观活动 看桥去

活动缘起

幼儿对桥的兴趣渐浓,而离幼儿园不远的吴江公园里就有几座不同的桥。为了让孩子们近距离观察桥,教师带着孩子开展了吴江公园参观活动。

活动准备

经验准备:有一定的语言表达能力,知道桥的结构与用途。

材料投放:画板、图画纸、勾线笔等。

参观对象和内容

参观吴江公园里的桥,了解桥的外形,欣赏桥的造型美,体验桥在生活中的用途。

参观前谈话

今天我们要去观察吴江公园的桥,实地看一看桥到底是什么样子的。请小朋友仔细观察桥的外形,看一看、说一说它是由哪些部分组成的,注意桥的形状、桥墩、桥面、护栏等方面,观察桥的整体造型。最后请大家将自己最感兴趣的桥画下来。

参观后汇总和讨论

孩子们在观察、交谈中对桥的兴趣愈加浓厚。他们画出了桥的形状,有弯弯的拱桥、平平的石桥、蜿蜒曲折的观景桥。回到幼儿园后,经过交流与讨论,孩子们知道了大部分的桥是由桥墩、桥面、护栏组成的。

活动延伸

展示幼儿的绘画作品。

（戴　吉）

五、区域活动　建桥小能手

经验联结

孩子们在前期的参观与调查活动中探索了桥的奥秘，了解了桥的结构，欣赏了各式各样的桥，有了对桥的初步认识，也在区域活动中创造着属于自己的桥。本次活动为后延，随着小朋友们对桥的深入了解，搭起了一座座属于自己的有特点的桥。

活动目标

1. 能够在观察的基础上用多种材料、方法创作桥。
2. 激发幼儿的空间知觉、合作能力和操作能力。

活动准备

经验准备：搭建技巧。

材料投放：各种积木、废旧材料（盒子、塑料管、瓶子等）。

活动内容

鼓励幼儿选用多种材料进行桥的搭建，搭建结束后组织幼儿参观。

活动要求

1. 提醒幼儿在搭建前先准备好设计图。
2. 尽量按图纸搭桥，有困难时可以找其他人合作搭建。

指导要点

1. 在搭建前可请幼儿说一说自己的想法。

2. 活动结束后,请幼儿分享自己在搭建过程中遇到的问题,并说说是如何解决这个问题的。

活动延伸

1. 将幼儿作品布置在展示区。

2. 请幼儿介绍自己设计的桥。

(戴 吉)

六、集体活动 假如没有桥

活动目标

1. 了解桥的用途。

2. 感受桥与人类生活的密切关系。

活动准备

经验准备：请幼儿向家人或周围的人了解，过去没有桥的时候，人们用什么方法过河。

活动过程

（一）谈一谈

1. 请幼儿分享自己的调查结果。

2. 同组互相交流：在没有桥的时候，人们用什么方法过河？会遇到什么困难？

3. 教师小结。

（二）议一议

1. 引导幼儿交流讨论：你们觉得桥在我们生活中有什么作用？如果没有桥，现在的生活会是什么样的？

2. 鼓励幼儿积极发表自己的意见。

3. 教师小结：桥可以让我们的生活更便利，出行更方便。如果没有桥，我们的出行会花费很多时间，也会遇到麻烦。

（三）画一画

引导幼儿通过绘画或手工制作的方式设计一座桥。

活动延伸

美工区：画自己喜欢的桥。

语言区：和同伴说一说桥的用途、自己和桥的故事。

活动反思

生活是最好的资源。幼儿通过询问身边的人了解桥在生活中的重要性，在活动中能够积极与他人分享自己调查的结果，并认真思考教师提出的问题，知晓桥在我们生活中的作用。

（戴 吉）

七、集体活动　建桥工人本领高

活动目标

1. 感受建桥工人的辛苦，激发对建桥工人的喜爱与崇敬之情。
2. 理解儿歌内容，能有感情地朗诵儿歌。

活动准备

1. 各种各样现代桥梁的照片、工人建桥的视频。
2. 儿歌《工人叔叔本领高》。

活动过程

（一）视频导入

1. 播放建桥工人工作的视频，引导幼儿仔细观察建桥的情景，感受工人叔叔造桥的辛苦。
2. 鼓励幼儿用语言表达对建桥工人的感谢，如："叔叔阿姨们，你们辛苦了！""叔叔阿姨们，感谢你们辛苦建桥，让我们的生活更方便。"

（二）学习儿歌

1. 教师念儿歌，请幼儿欣赏。
2. 讨论儿歌内容：建桥工人在工作时遇到了什么困难？遇到困难后他是怎么做的？听完儿歌你有什么感受？
3. 幼儿有感情、有节奏地学儿歌、念儿歌。

（三）表演儿歌

幼儿扮演建桥工人角色，有感情地朗诵儿歌。

活动延伸

表演区：和同伴表演儿歌。

活动反思

造桥是孩子在日常生活中不常看见的。活动中通过造桥工人角色演绎的游戏，让幼儿模仿造桥工人的动作，引起幼儿参加活动的兴趣。节奏鲜明的儿歌激发了孩子们的兴趣，活动中视频的呈现也让幼儿懂得劳动工人的辛苦与伟大。

（戴　吉）

八、区域活动　纸桥

经验联结

"为什么许多桥都是有上坡和下坡的呢？""桥上每天都有那么多的车走过，它会倒吗？"随着对桥的深入探索，孩子们也经常会提出一些问题。为了迎合孩子们的兴趣，更深入了解桥的秘密，我们进行了桥的承重力的实验。

活动目标

1. 通过操作知道改变纸的形状可以使纸桥的承受能力发生变化。
2. 鼓励幼儿运用比较的方法来进行感知，培养幼儿的动手操作能力。

活动准备

经验准备：会基本实验操作，并能将结果记录在表格中。

材料投放：A4纸、塑料片、积木。

活动内容

改变纸桥的形状，观察纸桥的承重力是否会发生改变，发生什么样的改变，并将实验结果记录在记录表上。

活动要求

1. 提醒幼儿放塑料片的时候轻拿轻放。

2. 及时记录实验的结果。

3. 注意与小组成员合作。

指导要点

1. 实验开始后，纸桥不能再随意挪动位置。

2. 总结实验结论：纸弯曲之后能够承受的重量变大，而且弯曲的次数越多，承受的重量越大，纸桥也就越牢固。

活动延伸

日常生活中，你还发现哪些东西是利用弯曲来使它变牢固的？（瓦、折纸扇、瓦楞纸等）。

活动附件

纸桥承重实验调查表

纸桥的形状	塑料片的数量

（戴 吉）

九、收集活动 各种各样的桥

活动缘起

除了吴江公园的桥，我们身边还有哪些桥呢？教师鼓励幼儿自发寻找身边能够带来幼儿园的桥的模型，或利用周末时间与家长亲手做一做桥的模型。

活动准备

经验准备： 有一定的动手能力，能和家长合作。

材料投放： 各种桥的手工作品，用来展示的桌子、架子，电子资源（各种各样的桥）。

收集对象和内容

收集生活中桥的手工品、照片、书籍等，感受桥的多样性。

收集前谈话

幼儿和家长可亲自制作桥的手工品，也可收集一些废旧物品（可用来帮助幼儿完成关于桥的游戏），请幼儿将这些关于桥的物品贴好标签带到幼儿园。

收集后汇总、展示、交流和讨论

在教室一角开辟展览区，展示幼儿收集来的各种桥制品，给幼儿近距离观察、感受的机会，鼓励幼儿交流与讨论。

活动延伸

在阅读区提供有关桥的图片、书本，供幼儿翻阅，使幼儿进一步了解桥，增强对桥的兴趣。

（戴　吉）

单个活动方案

一、集体活动 亲亲草地（小班）

活动目标

1. 能运用感官较仔细地观察草的特征，初步了解小草与人们生活的关系。
2. 尽情爬行、翻滚，感受草地带来的乐趣。
3. 懂得爱护草地，树立初步的环保意识。

活动准备

经验准备：幼儿有在草地玩耍的经历。

材料投放：和幼儿前往公园草坪，并在活动前检查草地情况，排除不安全因素。

活动过程

（一）体验感受

引导幼儿用自己的小手、小脚或鼻子来亲亲小草，和小草做游戏。（观察幼儿是怎么与小草做游戏的，引导幼儿用手压、打滚、爬行、赤脚在草上走，时间可以适当放长一点，让幼儿尽情玩乐。）

（二）交流分享

幼儿坐下来休息，说说小草的特征与自己的感受。

说说刚才和小草是怎么做游戏的？你的脚（手）碰到小草有什么感觉？

（1）孩子们共同感受小草的特征：小草是软绵绵的，有的小草的尖尖头碰到手时，我们还感到有点刺刺的、痒痒的。

（2）感受小草有弹性的特征：刚才有小朋友把小草轻轻地压下去，有没有发现小草会怎么样？（弹起来。）小草真厉害！压下去，还会弹起来。我们一起试一试，看看小草会不会弹起来。

（3）感受在草地上游戏的快乐：你和小草是怎么做游戏的？在草地上打滚感觉怎么样？草地就像绿色的大床、绿色的地毯，我们在上面玩又舒服又不容易受伤。

（4）感受小草的清香：谁闻到小草的味道了？我们一起闻一闻，感觉怎么样？老师告诉你们，小草发出的清香味还能使我们身体健康。所以幼儿园里有许多草地，还有许多地方也有草地，想一想，你们还在哪里见到过草地呢？（小区、公园等。）

（三）爱护草地，树立初步的环保意识

我们在草地上玩又快乐又安全，所以我们平时也应当好好地保护草地，和草地做好伙伴。

活动延伸

和爸爸妈妈一起讨论有哪些保护草地的方法，并与同伴交流分享。

活动反思

该集体活动选择在户外草地上进行，主要基于真实生活中的场景能够带给幼儿更加真实、直接的体验这一考量。幼儿在活动中通过摸一摸、玩一玩的方式感知到了草地柔软、清香的特点，将这一直接的认知体验转化为了一种内在的经验，能够极大地调动幼儿的感官去感受，并且更加生活化、趣味化。

（段仰抽）

二、集体活动 说说道路（中班）

活动目标
1. 探索生活中路的多样性，感知不同道路的明显特征。
2. 尝试通过调动生活经验获得道路的相关信息。

活动准备
经验准备：幼儿对于幼儿园以及居住地周边环境相对熟悉。

材料投放：带有道路指示牌的路面实景图片、幼儿园大门周边环境照片、绘图纸、马克笔等。

活动过程

（一）谈话导入

教师提问：小朋友们，你们在公园游玩的时候走过哪些不同的路呢？这条路是什么样的？它有名字吗？

（二）集体讨论

1. 出示不同路面实景图片，引导幼儿补充说明。

2. 引导幼儿进一步观察实景图片中的指示牌，并仔细观察指示牌包含的信息。

3. 请幼儿调动生活经验大胆猜测指示牌内容，然后对幼儿阐述的内容进行归纳：指示牌指明了道路的名称、方向等。

（三）回顾迁移

1. 出示幼儿园大门周边环境照片，引导幼儿进一步思考幼儿园周边有哪些道路。

2. 请幼儿自由发言，教师引导和归纳相关的道路信息：路的名称、路面材质以及走向等。

3. 引导幼儿尝试用绘画的方式将幼儿园门口的道路走向绘制出来，教师可以辅助幼儿用文字做道路说明。

活动延伸

尝试和爸爸妈妈一起走一走从家到幼儿园的路线，看看会经过哪些不同的道路，并试着将路线图画下来。

活动反思

本次活动结合幼儿的生活经验，让幼儿积极调动已有的关于道路的认知经验进行表达和阐述，从而进一步获得有关道路的多元化信息。本活动在迁移经验的环节还应在更大程度上发挥幼儿的主观能动性，引导幼儿调动多重感官多加表达，并结合绘画等方式对熟知的道路进行多元表征，以实现幼儿认知经验的立体建构。

（段仰拙）

三、参观活动　雨水花园（大班）

活动缘起

幼儿在前期的公园活动中对雨水花园的构造产生了浓厚的探究兴趣。作为一种新兴的雨水处理模式，雨水花园在城市建设中的运用越来越广泛，蕴含着环保的理念。由此，教师和幼儿共同开展了本次参观活动，引领幼儿感知先进的雨洪管理智慧。

活动准备

经验准备：了解普通花园的特点。

材料投放：查阅和收集雨水花园的相关图片或视频资料。

参观对象和内容

1. 尝试观察和认识雨水花园中不同种类的植物，了解花园中不同植物的作用。

2.结合参观前查阅的相关资料,认真倾听专业人员讲解雨水花园的构造和原理,尝试绘制雨水花园构造图。

参观前谈话

在出发前可以先上网或者查阅相关书籍,了解一下雨水花园是用来做什么的,猜想会有哪些不同种类的植物,它们的作用又是什么。尝试了解雨水花园的建造过程和大致构造。

参观后汇总讨论

1.我们参观的雨水花园在什么地方?里面的植物和普通花园中的植物有哪些不同(种类、数量等)?

2.尝试和同伴讨论参观过程中了解到的有关雨水花园的信息。

3.尝试在画纸上绘制出雨水花园大致的构造,并向同伴说明原理。

活动延伸

引导幼儿在建构区开展模拟建造雨水花园的游戏活动。

活动附件

幼儿在参观活动后绘制的雨水花园简易构造图若干。

(段仰拙)

活动叙事

"昆虫旅馆"

10月29日,我们来到吴江公园收集自然材料。"不好啦!树上有虫。"开开焦急的话语引起了大家的注意。我们来到发现虫子的大树前,凡凡指着虫子说:"这些虫会吃叶子,我奶奶跟我说过。"勒勒也大喊起来:"我也看到过这种虫子的,在我们的小菜园里。"听了这句话,我们就像炸开了锅:"这可怎么办?""虫子太可怕了。""虫子怕什么呢?""我们一定要赶走它们。"……

就这样带着一肚子的疑问,我们回到了学校,在我们的小菜园也开始寻找这些吃叶子的害虫。果然小菜园里的菜叶子不少都被虫子吃了,我们翻开叶子一看,好多小虫子就藏在叶子下。

我们都凑在老师面前问:"老师,怎么赶走虫子啊?"老师说:"一般是洒农药。可是幼儿园的小朋友太多,如果洒农药,小朋友接触了会对身体有害的,这个洒农药的方法肯定行不通。"这下可急坏了我们:"那就让虫子吃掉我们的青菜吗?我们也不能一直站在小菜园保护着它们呀!"我们到底有什么方法能一直守护着菜园呢?上网一查,发现了利用生态平衡原理设计的"昆虫旅馆",它是利用无害的生物手段保护菜园的一种新型科技理念,这不正是我们需要的吗?我们马上付诸行动,决定搭建一个"昆虫旅馆"来保护小菜园。

"昆虫旅馆"诞生啦!

我们从了解"昆虫旅馆"开始,尝试着做计划,制作"昆虫旅馆",最后找合适的位置放置"昆虫旅馆"。

1.了解"昆虫旅馆"

(1)什么是"昆虫旅馆"?

经查阅资料,我们知道它是一种能根据昆虫的不同习性,采用各种自然材料制作,供益虫栖息、繁殖、越冬的人造场所。

"昆虫旅馆"能发挥生态平衡的力量,它的"住户"都是害虫的天敌——昆虫。

(2)昆虫们喜欢的建造"房间"的材料是什么?

我们以调查表的形式了解了"昆虫旅馆"的"住户",同时知道了它们最喜欢的建造"房间"的材料。七星瓢虫喜欢松果和枯木条;寄生蜂喜欢钻出许多洞洞的圆木和空心砖;步甲喜欢枯树枝、树干和树皮;草蛉喜欢开槽的盒子,内部要填充稻草；食蚜蝇喜欢空心秸秆……

2.做计划

（1）哪些地方需要放置"昆虫旅馆"？

在幼儿园里只要有植物，就会有我们寻找虫子的身影，哪里的植物上有被虫子吃过的痕迹，我们就会进行记录。在小菜园、小花园、东面花园、阳台小花园、操场附近绿化带这些地方，我们都发现了被虫子吃过的叶子。于是，我们选择了其中叶子被吃得最严重的四个地方（小菜园、小花园、东面花园、沙池边上绿化带）进行投放。

（2）为哪些昆虫搭建"房间"？

在搭建"昆虫旅馆"前，我们需要确定哪些昆虫可以来保护我们的小菜园和小花园。根据之前的观察，菜园里出现较多的是蚜虫、菜粉蝶，而花园里出现较多的是鼻涕虫和蜗牛，也有部分甲壳虫。由此我们确定了要为哪些昆虫搭建"房间"。

蚜虫 —天敌→ 瓢虫、食蚜蝇

菜粉蝶 —天敌→ 寄生蜂

介壳虫 —天敌→ 瓢虫

鼻涕虫、蜗牛 —天敌→ 步甲

这一次，我们主要为瓢虫、食蚜蝇、寄生蜂、步甲搭建"房间"。确定了"住客"后，我们很快就知道了需要用到的搭建材料。

3. 制作"昆虫旅馆"

（1）画设计图。

确定"住客"后，我们发挥自己的想象力，为"住客"设计它们的专属房间。我们的"昆虫旅馆"设计图，就这样在小小设计师们的画笔下诞生啦！

（2）收集制作材料。

拿着之前设计的材料收集清单，我们来到了有丰富自然资源的吴江公园，在这里，我们找到了很多搭建需要的材料。

（3）搭建"昆虫旅馆"。

一切准备就绪，我们就正式启动了"昆虫旅馆"建设工程！首先，我们找到了一个现成的小木屋，又请叔叔帮忙和我们一起用废旧木板搭建几个小木屋，并涂上防腐蚀的油漆。晾晒几日后，用找来的房间材料进行填充，按照自己的设计图装扮，这样"昆虫旅馆"就算是完成了。

（4）放置"昆虫旅馆"。

按照之前确定的位置，我们将"昆虫旅馆"放置在了小菜园、小花园、东面花园、南面沙池附近。

我们都希望昆虫们能早早地来"昆虫旅馆"住一住……

教师的思考与支持：做"昆虫旅馆"期间会碰到很多困难，但有了叔叔阿姨们的加入，"昆虫旅馆"很快就做好啦！这就是团队的力量，希望以后有很多小虫子喜欢我们的屋子。

"昆虫旅馆"开业啦！

1. "昆虫旅馆"的"服务员"

为了掌握"昆虫旅馆"的最新动态，我们每周都有"服务员"轮班去查看"昆虫旅馆"的情况，以便及时发现和解决问题。

2. "昆虫旅馆"的"住客"

为了有目的地进行观察，我们还和老师一起设计了一份观察记录表。这份记录表可以记录"昆虫旅馆"中小昆虫们的数量变化、种类变化以及"昆虫旅馆"是否出现问题。

3. "服务员"分享观察记录

每周我们都会请本周的"服务员"对自己的观察记录进行反馈，让我们变成真正的"小主人"，快速全面地掌握"昆虫旅馆"的一切消息，对"昆虫旅馆"持续产生兴趣。

延伸活动

1. 昆虫绘本馆

我们的绘本馆正在创建中。我们将喜欢的昆虫画下来,并且自己创编昆虫的故事,制作成小绘本。

2. 制作昆虫标本

昆虫标本采用泥塑、真虫滴胶的方法制作,这些制作的昆虫标本有一种特别的美。

3. 昆虫标本馆

在标本馆中,我们把自己的作品放置在漂亮的水晶球中悬挂起来,让美丽的昆虫被更多的小朋友看到。

4. 昆虫研究室

我们还创建了一个昆虫研究室,在这里我们可以饲养蚂蚁、独角仙,可以玩一玩昆虫感官桌、昆虫周期盘,还可以将想问的有关昆虫的问题写下来放进昆虫问号箱,通过大转盘游戏让别的小伙伴说一说……

我们的昆虫之旅并没有随着故事的结束而结束，还会开展更多有趣的昆虫游戏，让我班的"昆虫旅馆"更有温度。我们接下来也会将"昆虫旅馆"带到熟悉的吴江公园，让它帮助更多的植物们。

教师的思考与支持：制作"昆虫旅馆"的过程中，孩子们有各种各样的想法，但是在真正开始操作的时候，他们还是遇到了一些困难，所幸最后小房子很可爱。尝试新事物，需要有足够的热情及超棒的团队协作。我认为合作的过程比结果更能让孩子们受益。孩子们第一次做"昆虫旅馆"，从了解昆虫到做木工的活动过程中，他们发现了只要用心做好一件事，总会有意外的收获。现在"昆虫旅馆"是孩子们每天的牵挂，生态平衡也有了孩子们小小的功劳。孩子们对昆虫的了解不断深入，甚至变成了一个个昆虫小达人。老师要帮助和支持孩子们的探索欲望，让孩子们在昆虫的世界中主动探索，拓宽视野，提升能力。

（沈 潇）

公园里的桥

离幼儿园不远的地方有一座吴江公园，孩子们时常去那里玩。一进公园，他们就被眼前高高的拱桥吸引了。"老师，这座桥弯弯的，中间还有桥洞，好漂亮。"看孩子们对桥这么感兴趣，我决定带他们仔细找一找公园里的桥。"老师，这座桥是平平的，它是用石头做的。""走在上面一点也不害怕，还可以看桥下水里的鱼。""桥的栏杆上有漂亮的花纹。"孩子们在触摸、交谈中对桥的兴趣愈加浓厚，他们还拿出了画笔写生，画出了桥的样子，有弯弯的拱桥、平平的石桥……

看桥

1. 所有的桥都有洞吗？

孩子们对桥洞产生了好奇："为什么有的桥有很多洞？""桥有洞会不会更容易倒？""桥洞为什么有的大有的小？"……我请孩子们先自己想一想，猜一猜。"可能是让鱼能游来游去。""肯定是为了让船能划过去。""不对不对，有的桥洞很小，船肯定不能过去。"……孩子们对桥洞的作用都有自己的猜想，我和孩子们上网查询了资料，找到了桥洞的"秘密"。桥洞的作用有三种：一是泄洪疏通让桥变得更稳固；二是能节省材料，减轻桥身重量；三是让桥看起来更美观。

2. 桥会倒吗？

"为什么许多桥都是有上坡和下坡的呢？""桥上每天都有那么多的车和人走过，它会倒吗？"为了解答他们的疑问，我们回幼儿园后进行了桥的承重力实验。我为孩子们准备了纸、雪花片、积木和记录表，用积木作为桥墩，请他们先试一试两个桥墩的纸桥可以放几个雪花片；每增加一个桥墩，纸桥上又可以放几个雪花片。经过实验，孩子们知道了桥墩越多，桥墩之间的距离越小，纸桥上能放的雪花片就越多，纸桥的承重就越大。之后，我又为孩子们提供了两块积木，请他们试一试平桥和拱桥哪一种承重能力更强。经过实验，孩子们发现拱桥的承重能力更强，而且拱的数量越多，能够放置的雪花片就越多。

教师的思考与支持：生活是最好的资源，兴趣是最好的老师。我们结合幼儿年龄特点和最近发展区，遵循幼儿的生活经验与兴趣，引导幼儿开展对桥的探索。实验让幼儿亲历探索发现过程，发现桥的形状和桥墩的距离、数量都会影响桥的承重，体会自主探究的乐趣。

"造桥"

1. 桥塌了！

随着小朋友对桥的深入了解，建构区的小朋友们搭起了一座座的桥。在搭建的过程中他们遇到了不少问题。第一次他们打算搭一个高架桥。他们找来了大小相同的长方体积木，把它们按照一定的距离放在地面上当作桥墩，然后在上面放上更长的长方体积木连接起来，但是很快他们搭的桥就倒了。小朋友们并没有气馁，他们继续从头开始搭了起来，很快就搭好了一座新的高架桥。但是远远小朋友一个转身，刚刚搭好的桥又倒了。"怎么桥老是倒啊？""这个桥是'爱倒桥'，因为它老是倒下来。""我们的桥墩不稳，所以老是倒下来。"有了之前做实验的经验，孩子们知道要保持桥的稳固性，关键之一在桥墩。桥墩要稳固，粗一点，桥才结实。于是他们把建构区所有形状的积木都找了出来，一一比对，最终找了比较矮的圆柱当作桥墩。果然这一次的桥结实了，没有再倒下来。

2. 建多层的高架桥，失败了

孩子们在搭建桥的过程中觉得桥太窄了，不能够让很多的车通行。什么样的桥能够让很多很多的车同时通过呢？有个小朋友说："我知道一种桥，它有好多好多层，还有大圆环，可以让很多车走。""那是不是很多层的高架桥啊？我爸爸开车带我回老家的时候我看过，还有环路。"孩子们想要造多层高架桥。说干就干，他们拿圆柱形的积木当作桥墩，依次排列开来；拿最长的积木当作桥面，放在已经做好的桥墩上面。但是桥是有好多层的，于是他们又拿来更多的圆柱形放在下面当作桥墩，也增加了桥墩的高度。在连接这几层高架桥的时候出现了问题，无论小朋友们怎么搭，总是有桥连接不上去，怎么办呢？

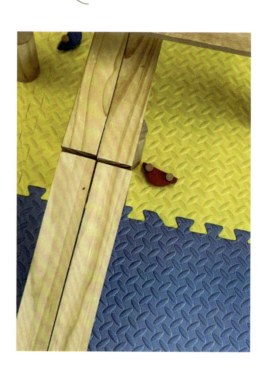

3. 讨论：多层的高架桥是什么样子的？

建构区出现的问题并没有得到解决。在游戏分享环节，建构区的小朋友和大家分享了他们遇到的困难：多层的高架桥连接的地方出现了问题，怎么办呢？全班的小朋友一起帮他们出主意。贝贝说："老师，很多层的高架桥下面是什么样子的？""老师，我也想看一看桥下面是什么样子的。"小朋友的兴趣点集中在桥墩，这正是此次建构区搭建失败的主要原因：高架桥错综复杂，很多小朋友在桥面上走过，但是并没有弄清桥墩的情况。我找到了高架桥的图片、视频，带着孩子们感知高架桥的结构。小朋友们发出惊叹，原来高架桥下的桥墩有高有低，在旋转的位置桥墩也是旋转的，有圆形转盘一样的道路。小朋友们知道了多层高架桥的结构后，还动手绘制了搭建计划图，他们打算开始下一次的建构啦。

公园里有什么

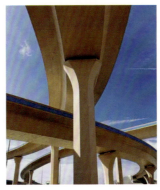

4. 嘟，嘟，嘟，高架桥通车啦！

有了对高架桥的结构经验，小朋友们带着搭建计划图开始新一次的建构，这一次他们信心满满。在搭建过程中，他们改变搭建的方式，打算先从连接的旋转环形开始搭建。他们找到了十字形的积木和半圆形的积木，作为多轨道的枢纽和变换道路方向的连接点，在环形多层高架桥建好后，再分别沿着桥面向外延伸，最后一座三层的立交桥建成了。他们把建构区的小车放在已经搭好的多层高架桥上。"嘟嘟嘟，高架桥通车啦！"

教师的思考与支持：幼儿与搭建主题相关的知识经验丰富程度直接影响其整体搭建水平。缺乏相关经验支持，会导致幼儿在搭建过程中遇到解决不了的困难。幼儿在搭建难度较高的高架桥的过程中，遇到了搭建不牢、连接失败、结构不清楚等问题。为解决这些问题，每次游戏结束后教师都请他们分享游戏中遇到的困难，并请所有人一起帮忙解决问题，帮助他们积累相关经验。

桥博会

"老师，班级里有好多桥，我想让我在其他班的好朋友也看一看。"孩子们对桥的兴趣渐浓，班级里出现了许多他们做的桥，有建构的桥，有水彩画的桥，有乐高搭的桥，有橡皮泥捏的桥……有许多小朋友提出也想让幼儿园里其他人看看这些漂亮的桥，有什么好办法呢？

多多说："可以办一个展览，我和妈妈看过，就是有好多人可以一起来看的。"

贝贝说："我知道博览会，就是把好多厉害的东西展示给其他人看。"

茜茜说："那我们也办一个博览会吧，这样子其他小朋友都可以看到我们搭建的桥了。"

……

经过讨论，孩子们决定要办一个桥博会，展出班级里各种各样的桥。

1.在哪里展览？

想要办展览，先要找到一个空地，幼儿园里有什么地方是比较合适的呢？

想想说："我们教室可以做展览。"

贝贝说："不行不行，教室里面有好多的桌子和椅子，别的小朋友不方便看。"

月月说："楼梯那里有一个很大的地方，我们可以去那里办展览。"

成成说："我知道，我们去那里玩过，那里有好多好玩的积木。"

一一说:"我们可以一起去那里搭桥,然后给其他小朋友看。"

……

经过孩子们的讨论,他们最终把展览的地点选在了幼儿园西面专门建构的场地上,他们觉得那里地方比较大,而且有积木可以方便他们搭建。

2. 一起布置咯!

选好了展览地点,小朋友们开始准备展览的物品——桥。

多多说:"展览的桥要有很多种的,不能只有一种。"

一一说:"我们教室里就有很多呀!"

西西说:"好像还不够,展出的地方好大。"

教师说:"那怎么办呢?"

斐斐说:"我们可以请爸爸妈妈和我们一起做,架不一样的桥。"

凯凯说:"我和妈妈做斜拉索桥。"

多多说:"我想和爸爸妈妈一起架一座漂亮的桥。"

晨晨说:"我想做拱桥。"

……

除了班级里已经有的桥,小朋友们觉得还需要更多的桥来装饰展览。于是他们回家和爸爸妈妈一起做了自己最喜欢的桥,带到了幼儿园,这下展览品十分丰富了。

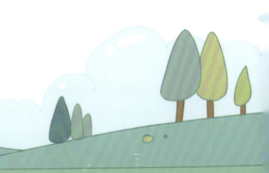

3. 布展中发现了问题

桥博会的筹办已经成功了一大半，除了已经收集和制作的桥之外，接下来孩子们打算去场地上利用积木再搭出许多的桥。但是在场地搭建的过程中又遇到了一些新问题。

多多说:"老师,我们的桥不好看,桥的周围有很多树,我们可以装饰一下。"

一一说:"我们的展览太乱了,搭桥的人太多了。"

想想说:"桥旁边是大楼,我们吴江有很多的桥,我想搭苏州湾大桥。"

……

第一次布展过程好像并不顺利。最终孩子们也完成了搭建,但回到教室后,他们和我说,想要去重新搭,搭一座更漂亮的。

"我觉得我们的桥太乱了,布置得不好看。"

"其他小朋友来看,不能走进来。"

"桥的周围应该有树,有楼房的。"

"我的桥不好看,我想去做树。"

因为是整班小朋友一起布展,所以在布置与搭建的过程中遇到了分工不明确、桥搭建得太乱、参观的人没有路进来等问题。

4.分工负责，布展成功

根据第一次的失败经历，孩子们总结了经验，知道了桥博会布置失败的原因是搭桥的人太多了，所以大家要分工。有的小朋友搭桥；有的可以为桥博会造路，方便来参观的人将所有的桥都看清楚；还有的小朋友可以为桥博会的桥做一些装饰，让桥更好看。在这次桥博会布置之前，小朋友还自发组成了小组，每一个小组都设计了想要造的桥，做好了设计图。有了之前的充分准备，这次的桥博会布置很成功，孩子们有的搭了吴江公园的桥，有的搭了高架桥，还有的搭了塔桥……每个小朋友在搭建的时候都很认真，也很顺利。孩子们很开心，接下来可以邀请大家来看展啦！

公园里有什么

5. 展览被破坏了！

第二天早晨，我们散步路过桥博会场地的时候，孩子们说想要再去看一看昨天布置的展览。结果当我们走到展览地点的时候，发现昨天布置好的所有桥都被破坏了。

索索说："老师，我们的桥都倒了！"

一一说："是谁干的？老师，我们要抓到那个坏人。"

教师说："弄倒的人老师也找不到了，我们想想办法，怎么能提醒别人不能弄倒我们的桥呢？"

贝贝说："可以温馨提醒，商场里就有标志提醒不能抽烟。"

菲菲说："我们可以提醒其他人不能弄倒。"

最后，孩子们决定在入口处做一块温馨提示牌，画上"按路线参观""小心碰倒""用眼不用手""欢迎留言"，让其他人知道这里的展览需要保护。

6.制作展览海报和邀请卡

展览终于布置好了,怎么能够让更多的人知道我们班要开桥博会呢?"可以给他们邀请卡。""还有在幼儿园里贴海报""可以拍视频请其他老师给小朋友们看。"……孩子们的方法都很好,说干就干,他们一起合作绘制海报,画上各种桥,还贴心地写上桥博会地点。海报绘制好后,小朋友们还将海报贴在幼儿园门口和楼梯的转角,他们说这样可以让大家都知道我们班的桥博会要开始展览啦。邀请卡也精心设计好了,孩子们用画笔和其他材料进行涂鸦装饰。他们在游戏时间将做好的邀请卡送给了其他班的老师和小朋友,并亲自发出了邀请。拍摄视频的时候,孩子们也说了桥博会展览的地点和时间,一切都准备就绪。展出当天,来参观的小朋友很多,我们班还有一个小朋友特地站在展览入口给来看展的人介绍呢!

教师的思考与支持：随着活动不断深入，孩子们对桥的经验不断累积，他们不再满足于在教室里自我欣赏，而是想要更多的人看到，于是提出了要办桥博会的想法。作为教师，在孩子们提出想法后，我鼓励他们大胆实施。在桥博会的策划展出过程中，孩子们一直发挥着主导作用，也渐渐有了发现问题—分析原因—解决问题的思维方式。桥博会的策划和布置让班级里的每一位小朋友都找到了自己喜欢的"工作"，所以在活动过程中他们是自由、自主、愉悦、有创造性的。

后记

桥博会的展览圆满结束了，孩子们想将展览保留一段时间，给还没有来得及看的小朋友看。之后的某一天，隔壁班的老师找到孩子们，和他们商量说能不能将桥博会展览拆掉，因为他们班的小朋友想要办一个石头展览。孩子们非常不舍，但最后还是把展览的桥拆掉了带回班级，在班级里继续展出。之后他们还去参观了石头展览呢。回来后，孩子们兴奋地和我说："老师，我们还想办一次展览……"接下来还有什么展览呢？让我们拭目以待吧！

（戴　吉）

公园地图

10月的一个晚上，刚吃好晚餐，手机微信里传来了一张照片。打开一看，阿姨拍了一张睿睿在吴江公园玩滑滑梯的照片，发在了班级的微信群。第二天的晨间谈话时间，我问睿睿："你昨天吃完饭去哪里玩了？"睿睿害羞地看了看我，说："爷爷奶奶带我去吴江公园了，我还碰到了阿姨。"提到吴江公园，孩子们炸开了锅，纷纷告诉我说："老师，我也很喜欢去吴江公园玩，我还在那里遇到过毅毅。"于是，他们你一句我一句地讨论起了在吴江公园的见闻。馨馨说："我周末去和爸爸妈妈捡树叶了。"笙笙更是激动地走到我身边，告诉我说："老师，我告诉你，我只要从家里拐一个弯再过一条马路就能走到吴江公园了。妈妈说那条马路叫作仲英大道。"我问他："那你家住在什么地方呢？"他想了想便回答说："东牛角。"

班上的幼儿在小班时，出于帮助一些找不到自己班级的小朋友的目的，设计了一幅流虹园区的专属地图。因此，在积累了一些和地图绘制相关的实操经验后，我们决定走出幼儿园，结合孩子们日常生活中熟悉的吴江公园进一步寻找地图中隐藏的秘密。

我们可以怎么去吴江公园？

班上的孩子们大多居住在吴江公园的周边，因此茶余饭后经常和家人一起在吴江公园开展娱乐活动，对于从家到公园的行走路线也相对熟知。当我询问他们是怎么去吴江公园时，他们争先恐后地回答。

蜜蜜："我是奶奶骑电动车带我去的。"

毅毅："我直接走路就可以到了。"

妤妤："我去公园要经过三个红绿灯，每次都要等很长时间的红灯。"

大家讨论得兴高采烈之时，轩轩只是在一旁安静地听着，没有说话。于是我问轩轩："你有

没有去过吴江公园?"他小声回答:"我只去过我们家旁边的小公园,没有去过吴江公园,我不知道吴江公园在哪。"艺轩说:"那你可以去看吴江公园的地图呀!看地图就知道了。"

应孩子们的要求,我在教室的电脑上打开了一幅吴江公园的地图,看着地图,艺轩也有些疑惑了。孩子们纷纷说:"就算我们有了一幅吴江公园的地图,我们仍然不知道要怎么走才能到达吴江公园。"甜甜补充说:"还要知道轩轩的家在哪儿,我们才能知道怎么走。"原来,要想知道我们从一个起点前往一个终点要经过的路线,不能够只看一个固定的位置和图标。我们平时在商场、小区、公园等地方找到的地图,标明了这个固定场所里的一些位置和方向,但是如果想知道两个距离比较远的地方要怎么行进,我们就要用到路线图了。

"路线图?爱探险的朵拉就是要用到路线图的,这样她一边看一边就知道方向了。"宁宁说。

"妈妈开车的时候就会问'小度',到某某地方怎么走。"彦彦说。

"老师你有'小度'吗?我们也来问问'小度'吧!"童童说。

甜甜说:"问'小爱同学'也可以,我在家里有问题就总爱问'小爱同学'。"

"那好,我们也一起问问'小爱同学'吧,但是要先一起想清楚我们的问题是什么。"我提醒孩子们。瑶瑶说:"我们要问轩轩的家到吴江公园怎么走。""不行不行,我们要说出轩轩的家在哪,不然'小爱同学'也不知道轩轩的家在哪。"一鸣说。于是我们问轩轩他的家住在哪里,轩轩想了想回答说:"吴越领秀。"接着我们决定派一个代表询问"小爱同学"。玥玥说:"我想来试一试。"于是玥玥走上前大声询问"小爱同学":"请问从吴越领秀到吴江公园怎么走?""小爱同学"回答:"正在为您打开高德地图,高德地图持续为您导航。"听到"小爱同学"的回答,孩子们说道:"高德地图我好像也听说过,它特别聪明,爸爸不知道怎么走的时候就会用手机看地图,然后它会告诉我们怎么走。"于是我们也尝试打开高德地图,用高德地图进行路线查询。我们先是在起点处输入"吴越领秀",接着在终点处输入"吴江公园"。输入完成后孩子们发现,下面的方框中还有不同的文字,分别是"驾车""打车""公交地铁""骑行""步行"等。屹屹说:"老师,

公园里有什么

选中不同的文字，下面的路线图就不一样了。"我们先是选中了"步行"，发现地图上出现了一个绿色圆点和一个红色圆点，绿色圆点上写着"起"，红色圆点上则写着"终"。筱筱说："是不是这条蓝色的线就是去吴江公园的路线啊？"笙笙说："就是的。这个上面还有白色的箭头，应该就是沿着这条路一直走一直走就到了。"宸宸一边看一边问："那为什么这条蓝色的线上还有字？""我认识字，这个上面写的是仲英大道。"玥玥说。"那我们换用'驾车'试试看呢？"浩浩说。于是我们选中"驾车"，地图上的路线图发生了变化。地图上依然出现了一个绿色圆点和一个红色圆点，但是对比刚才的步行路线，驾车的路线明显变得不同了。于是我们将两幅路线图放在一起进行了对比。

泽泽说："步行的话是蓝色的路线，但是开车的话就是绿色的路线。"

馨馨说："步行下面的数字是23，但是驾车下面的数字是7。"

玥玥说："蓝色的路线只用拐一次弯，绿色的路线要拐两次呢！"他走上来一边指着路线一边说。

益益说："开车的话可以经过三条不同的路。"

"驾车的那条路线图的最下面有好多数字。"璨璨说。

步行路线　　　　　　驾车路线

111

经过观察和探讨,我们发现了路线图和地图的不同。路线图会用圆点表示起点、终点,用不同的颜色表示不同的路线,在路线上还会有箭头表示前进的方向。数字则是告诉我们从起点到终点需要花费的时间、两地之间的距离以及需要经过的十字路口或者红绿灯的个数。回想之前看见过的地图,我们一起进行了区分和总结:地图会用各种各样的符号或者图像,标注一定范围内的方位,有些地图还可以标明自己现在所处的位置。但是要想知道从一个地方到另一个地方要怎么走,我们就需要用路线图来帮忙了。

幼儿能动地尝试探究地图的指向信息时,由于有日常生活中信息技术产品运用的经验,能够想到运用人工智能语音交互引擎解决问题。由此可见,随着信息技术的发展,当幼儿遇到问题时,他们更加倾向用多元化、智能化的策略自主解决问题。此外,日常生活中较为便捷的软件也可以成为幼儿参考和探索挖掘的工具。由此可见,与幼儿生活息息相关的真实生活情境可以为幼儿提供更加迅捷、有效的操作经验,教师可以不拘泥于传统的介绍、讲述方式将一些认知信息单向地灌输给幼儿,而是灵活多元地调动幼儿在生活中储备的各类信息技术使用经验,从而促进他们积累更为生动的有关路线和地图的认知。同时,这也能够为幼儿培植科技便捷生活的观念,引导幼儿感知科技进步与实际生活之间的联系。

吴江公园之行,出发喽!

既然班上有的小朋友经常到吴江公园里游玩,但有些小朋友还未曾去过,那么趁着天气晴好,我们决定共同计划一次吴江公园之行。鉴于之前查找高德地图的经验,我们再一次想到可以先询问一下"小爱同学"行走路线。由于这一次全班的小朋友要一起去,我们讨论后选择了步行前往。经过查询,我们发现去往吴江公园有两种不同的步行方案。第一种用时十三分钟,需要先经过流虹路,然后在与仲英大道的交会口拐弯,沿着仲英大道一直走;第二种用时十五分钟,也是需要

公园里有什么

经过流虹路，然后先拐一个弯，途经一条不知名的道路，紧接着再拐两个弯，沿着双板桥路行走一段时间后再转向仲英大道。看着两条路线图，孩子们陷入了沉思。

夏夏说："这两条路线好像有点复杂，我感觉我都看不太懂了。"

初初说："要拐好多个弯呀，我们会不会走丢呢？"

鸣鸣说："还有一条路都没有写名字，我们不知道这条路的名字会不会弄错呀？"大家纷纷开始了猜测。看来，智能手机软件也不能帮助我们解决所有的问题，去往吴江公园到底要怎么走还要靠我们自己去发现。于是，我们决定自己先想想有什么好主意。

笙笙说："我有个办法，我知道从幼儿园到我家怎么走，也知道从我家到吴江公园怎么走，那我们就可以先走到我家，再从我家走到公园。"说着他拿起纸笔开始向同伴们展示。

大家一边看着笙笙的路线图，一边询问不同的标志代表的是什么地方。笙笙一一向大家说明："这个是幼儿园，这个就是我家了，叫作东牛角。然后这个长长的是马路，叫仲英大道。"

毅毅说："但是我家也住在东牛角，我是从另外一条路来上幼儿园的。"说着他也和大家一起讨论了起来。正当大家讨论得热火朝天之时，阿姨说："我还知道一条更近的路，只要几分钟就可以到幼儿园了，我每天上班都会从这条路走，而且这条路去吴江公园也很方便的。"由于大家都很想探访一下这条去吴江公园的路线，于是共同提议我们一起去走一走，看一看这条路是否正像阿姨所说，是一条很近的路线。就这样，我们一起出发啦！

公园里有什么

我们从幼儿园的操场穿过，途经小学的教学楼来到了马路上。我们先是穿过了一条马路，紧接着走进了一条弄堂，从弄堂中穿行而过，又来到了一条马路上。阿姨指了指旁边的小区，告诉孩子们说："我家就住在这里，这里是双板桥小区。"孩子们一边望向阿姨指向的方向环顾四周，一边在队伍里欢呼雀跃地走着。又过了一条马路，再转一个弯，我们在一片树林中看见了吴江公园的滑滑梯。

"到了到了！"睿睿指着滑滑梯告诉其他的小伙伴们："这就是我总来玩的滑滑梯，原来从幼儿园到吴江公园走路这么快就到了！"孩子们来到吴江公园，游览的过程中还一起驻足观看了吴江公园游览示意图。

幼儿再一次使用手机导航软件进行路线搜索时，由于地图路线指示不明出现了问题。由此也可以让幼儿真正意识到，不能够凡事都完全依赖手机软件，遇到具体问题时需要尝试自己动脑筋思考，还可以向身边有经验的长辈讨教，这样获得的经验才更全面。此外，真实的体验、感受是幼儿经验习得的最优途径，只有真的看见过、真正亲历过，他们才能够对周遭的环境、事物更具辨别力和敏锐度。因此我们决定实地探寻，用脚丈量去往吴江公园的路线。

一起把去吴江公园的路线图画下来吧！

返回教室后，我们决定一起把去往吴江公园的路线绘制成路线图。大家一边回忆一边商量着：首先要用两个圆点表示幼儿园和吴江公园，然后我们经过了两条马路，就要在路线图上画两条长长的线表示马路，我们还经过了幼儿园的操场和阿姨家居住的小区，这些都可以在路线图上画出来……

妤妤和彦彦先是拿来了一张卡纸，两人依次在卡纸上画上了幼儿园、吴江公园所在的景观，并且她们告诉我："马路是宽一些的，上面还有斑马线，我们过马路时就要从斑马线上经过，这样更安全。"我问她们："那这条细细长长的是什么呢？"彦彦看着我说："这是我们走过的弄堂呀，它很窄，只有行人和小车子才能进去的。"

轩轩、鸣鸣和娀娀一边看着她们的路线图，一边讨论道："我们去吴江公园的时候还路

过一个操场的。"一边说着,他们也拿起笔决定试一试。

"对了,我还在弄堂里看见了电线杆。"娥娥说。

"还有一个垃圾回收站。"鸣鸣说。

轩轩说:"我记得马路上都有红绿灯的。妈妈说红灯停、绿灯行。"

远足活动结束之后,我们一起对活动的过程进行了整理和回顾。幼儿敏锐地观察和判断,对沿途的红绿灯、电线杆、垃圾回收站等进行了多元表征,对于马路和弄堂在宽窄方面的区别能进行比较和准确描述,并且能够准确地呈现方位。此外,在远足活动中大家对交通规则有了一定的认知,知道过马路时应当从斑马线上通过,能够逐步感受到规则的意义,并能基本遵守规则。

尾声

在设计完从幼儿园到吴江公园的路线图后,大家开始共同商讨这幅路线图可以用来做什么。

甜甜说:"可以拿去给别的班的老师和小朋友看一看。如果他们也想去吴江公园的话,就可以按照我们的路线图走。"

程程说:"可以贴在墙上给大家一起看。"

筱筱说:"我们画的路线图有点像我在益智区玩过的迷宫游戏。我想放在益智区当作迷宫或者闯关游戏的地图,就像朵拉的探险地图一样。"

夏夏、晨晨用我们自主绘制的路线图玩起了闯关游戏,可是游戏的过程中他们发现,路线图上的马路还不够完整,我们的每一条路没有完全连接起来,小汽车就不能在马路上通行了。

于是我们决定总结绘制路线图时忽略的地方,在马路之间进行连接,并且用一些更加清楚的标记来标明我们行走的路线。这样,我们升级版的路线图便跃然纸上。在活动的尾声,孩子们探索的兴致愈发浓厚。

(段仰拙)

后　　记

  构建适合儿童发展的学前教育课程并努力落实，是实现幼儿园培养目标的重要途径，也是贯彻落实《3—6岁儿童学习与发展指南》的重要途径，更是实现学前教育高质量发展的重要途径。

  "什么是幼儿园课程？""幼儿园课程在哪里？""如何追随儿童的兴趣设计课程？""如何将身边的资源开发成为促进幼儿发展、让幼儿获得有益经验的活动？"这些一直是幼儿园老师们面临的问题和挑战。吴江区各幼儿园根据自身实际情况，开启了园本提升、内涵发展、课程建设的实践探索征程。

  十年课程实践，得到了广大幼儿园教师、家长、领导、专家等的关心和支持。十年来，吴江区绘制了幼儿园课程改革蓝图，组建了"学前教育发展共同体"，成立了省内外专家指导团队。在专家沉浸式、伴随式、持续性的指导下，各种问题逐渐有了答案，困惑渐次解开，幼儿园找到了从身边资源入手，追随幼儿兴趣，开展多样化活动，助力幼儿积累有益经验，促进幼儿全面发展的课程建构路径，并在国家级、省级、市级的教学成果奖评选中频频获奖。

  本套丛书是吴江区各幼儿园课程探索的缩影，共十三册，由吴江区鲈乡幼儿园鲈乡园区、鲈乡幼儿园越秀园区、平望幼儿园、盛泽实验幼儿园、芦墟幼儿园、黎里幼儿园、梅堰幼儿园、铜罗幼儿园、青云幼儿园、桃源幼儿园、北库幼儿园、舜泽幼儿园、横扇幼儿园、八坼幼儿园这十四所幼儿园合作编写。本套丛书从策划到呈现，离不开负责各册编写的幼儿园教师的实践智慧和无私分享，离不开吴江区其他幼儿园教师的支持和帮助，更离不开虞永平、张春霞、张晗、张斌、苗雪红、胡娟、杨梦萍等团队专家长期以来的精心指导和鼓励。在丛书编写过程中，苏州大学出版社的领导、编辑给予了老师们极大的肯定，虞永平教授更是在百忙中抽出时间为本套丛书作序，张春霞老师在编写中全程悉心指导，在此一并表示衷心的感谢！

　　生逢盛世，奋斗正当时。我们处在大有可为的新时代，在党的二十大精神指引下，吴江幼教人必将扬帆再起航，继续深耕幼教这块沃土，为实现学前教育高质量发展而努力前行！

钱月琴
2023 年 5 月